ブックフェスタ

本の磁力で地域を変える

礒井純充　橋爪紳也　岸 政彦　吉成信夫　土肥潤也　森田秀之
原田マハ　長塚 隆　平賀研也　鋤柄大気　他／著

まちライブラリー
MACHI LIBRARY

本の力を信じて

マイクロ・ライブラリー／まちライブラリー提唱者　礒井純充

この本は「まちライブラリーブックフェスタ・ジャパン２０２０」（二〇二〇年九月二十日から十月十八日開催）におけるさまざまな発言をもとに再構成し、まとめたものです。

まちライブラリーブックフェスタは、二〇一五年に関西地区で始まりました。まちライブラリー、公共図書館、書店といった本のある場所が垣根を越えて、イベントや展示などを催し、運営者も訪れる人も各スポットを巡りながらまち歩きを楽しみ、互いに訪れる機会を増やそうとしたのです。本のある場所を一つひとつ結び付けて、点ではなく面とすることができたら、地域の磁力になるのではないかと考えてのスタートでした。幸いこの活動は、皆さんの賛同を得ることができ、毎年大きな図書館から小さな個人のライブラリーまで、それぞれができる形で参画し、多くの方が足を運んでくださるイベントになりました。

しかしながら、二〇二〇年は新型コロナウイルスの感染拡大の影響を受け、当初春に企画していたものを延期せざるを得なくなりました。一旦は中止もやむなしと開催を諦めかけたのですが、秋にオンラインという手段を付加することによって、図らずも全国に輪を広げて仕切りなおすことになったのです。三カ月という短い準備期間での開催となり、うまくいのか、皆さんに楽しんでもらえのるか、不安を抱えたまま初日を迎えることになってしまいましたが、振り返ってみると、思いのほか貴重な経験になったと自負しています。期間中に、北海道から宮崎県まで全国十七都道府県で、百六十五件のイベントを実施することができました。

序章はまちライブラリーとブックフェスタの軌跡をブックフェスタ・ジャパン2020実行委員長でもある大阪府立大学研究推進機構特別教授の橋爪紳也先生がお話しくださいました。第1章では、「本」と「人」を考える知見として図書館やまちづくりの分野でご活躍の皆さんの講演をまとめました。橋爪氏からは、ブックツーリズムの原点について、社会学者の岸政彦さんからは生活史についての興味深いお話がありました。

第2章はブックツーリズムという、本を使ったまちづくりと旅の試みとして、長野県茅野市と東京都奥多摩町での取り組みを報告しています。茅野市では焚き火を囲んでトークを行い、同地に拠点を持つ作家の原田マハさんもご登壇くださいました。東京都奥多摩町からの中継では「おくてん」という芸術によるまちづくりを紹介しています。

第3章はマイクロ・ライブラリーサミット（小さな図書館全国大会）でのレクチャーを収録しています。中国でのマイクロ・ライブラリーの取り組みを鶴見大学名誉教授の長塚隆先生にご紹介いただき、私からはまちライブラリーの十年について報告いたしました。

第4章は全国各地のマイクロ・ライブラリーからの活動発表です。コミュニティづくりを重視した活動、認知症をテーマにしたライブラリー、里地での取り組み、イベント型のライブラリー、行政が地域と一緒に行っている取り組みの報告がされました。

全編をとおして、発言は二〇二〇年当時を現在としています。コロナ禍であったこともあり、マイクロ・ライブラリーサミット発表ライブラリーの開館情報等は、変更になっている可能性もあります。訪問される際には、事前に連絡をしてから足を運ばれることをおすすめします。

本の力で地域を魅力あるものにしたい、自分の日常に彩を添えてみたい、そんな思いを持つ皆さんにイベントの内容を公開すると共に、さらなる仲間が増えることも期待しています。

日本中が本で繋がる30days！
「ブックフェスタ・ジャパン 2020」オンライン開催！
BOOK 2020
ブックフェスタ・ジャパン 2020
ONLINE
BOOK FESTA JAPAN 2020
2020.9.20 − 10.18
同時開催
マイクロ・ライブラリーサミット 2020 9.27
あなたの本のある場所、本のイベント募集中！
詳しくはWEBをチェック
公式サイトはこちら！
https://bookfesta.machi-library.org/
ブックフェスタ・ジャパン2020のチラシ

ブックフェスタ　～本の磁力で地域を変える～

目次

第2章 ブックツーリズムの実践と挑戦

序章　まちライブラリーとブックフェスタの軌跡

「ブックフェスタ・ジャパン２０２０」オープニングトーク

まちライブラリーとブックフェスタの軌跡

橋爪紳也
大阪府立大学研究推進機構特別教授
大阪府立大学観光産業戦略研究所長

ブックフェスタからブックツーリズムへ

「まちライブラリーブックフェスタ」は、近畿地方に徳島をエリアに加えて、五年間、毎年春に開催させていただきました。しかしこの春は、新型コロナウイルスによる感染拡大のため実施を見送り、代替策として秋にリモートとリアルを組み合わせて開催する運びになりました。

六年目の今回は、大阪で生まれたまちライブラリーという本と場所の新しい在り方から、ブックフェスタという本を媒介とした小トリップを経て、本を目的とした新しい旅の在り方、すなわちブックツーリズムついて考えるきっかけとしたいと考えています。

私は建築・都市計画が専門ですが、観光関連の仕事にも関わってきました。これまでにおよそ九十冊ぐらい本を出版してきました。建築や京阪神の文化に関する著作が多数あります。

私の本は専門書にジャンル分けされて、かつては一万冊や五万冊は売れたのに、今は二千から三千冊売れたら良しという状況になっています。出版文化も今後、どうなるのだろうという思いを持つ中で、私が所長を務める大阪府立大学観光産業戦略研究所に、まちライブラリーを立ち上げました。

今日はオープニングトークとして、大阪府立大学におけるまちライブラリーの十年の経緯、ブックフェスタ六年目の展開をご紹介したいと思います。

「自分たちでつくる」まちライブラリーの始まり

まちライブラリーは二〇〇八年に提唱者の礒井純充さんが大阪天満橋のＩＳビルで始めました。ＩＳＯＩの「ＩＳ」ですね。

二〇一〇年に、私と礒井さんで話をして、単なる個人の図書館ではなく、まちづくりに資するライブラリーをつくろうということで、私が「まちライブラリー」と命名しました。東京で小さなまちライブラリーがいくつか設けられ、図書館などでもまちライブラリーのイベントが始まりました。

二〇一三年には大阪府立大学がI-Siteなんばに新しい研究所を設けるという構想にあわせて、本日会場としているこの部屋を設けて、四十番目のまちライブラリーとしました。これから日本中に、あるいは世界中にできるであろう、まちライブラリーのモデルとなると同時に、まちライブラリーのネットワークの中核となるような場所にしたいという思いを持ちつつ、「まちライブラリー@大阪府立大学」と命名をいたしました。

まちライブラリーの物語は、ここから始まりました。多くのワークショップを重ねながら、みんなが本を持ち寄って空の本棚を埋めていく。我々一人ひとりが自分の自宅あるいは書斎などに自分にとって大事な本だけを並べる棚をつくります。そういう棚は自分にとって大事な本棚なのですが、多くの人が共有するものではない。みんながそれぞれ本棚を持ち寄ることで、より大きな本棚が公共の場にできていく。そんな思いを持って、このまちライブラリーをつくりました。産経新聞（二〇一二年十月二十七日夕刊一面）には「蔵書ゼロ　並ぶのは　交流の心」という記事を書いていただきました。

大阪府立大学I-Siteなんばは、観光・地域創造分野の社会人大学院が入居するとともに、専門家による学術研究の大会や一般向けの講演会などを行う場となることが想定されていました。もともとは、すぐ近くに大阪球場という南海ホークスの本拠地がございました。また、かつてこの場所に、大阪府が現代芸術センターをつくるという構想がありました。「日本のポンピドゥー・センター」を目指したもので、二年に一度開催される美術展覧会・ビエンナーレを何度も開催し、アート作品を集めていました。しかし計画は、バブル崩壊と共に流れてしまった。再開発が進む中で、ここに南海電鉄がビルを建設して本社を移転することになり、そこに大学がサテライトをつくる計画が持ち上がった。私は大阪府立大学の教授をしておりましたので、ぜひ小さくてもいいから文化の拠点をつくりたいと思い、観光産業戦略研究所とまちライブラリーの設置を礒井さんと一緒に提案したのです。

本棚ができた当初、本は一冊もございません。南海電鉄の関西国際空港に行く路線が目の前を走っているのですが、観光特急「ラピート」から空っぽの本棚が見えるという、非常に大胆なしつらえから始めました。本棚だけをまずつくり、あえて本のない段階からスタートしたのです。

礒井さんのアイデアで、「植本祭」というイベントを行いました。本を棚に植えていく、本棚をつくっていくというイベントです。たった二日間で四十八のワークショップを同時開催する。平均すると一日二十四のワークショップが同じスペースで行われている。机を並べながらまったく違う体験型の講座が展開しました。

参加条件は、本を一冊持ってくること。参加者にとって思い入れのある本を、テーマに沿って持ち寄り、そのテーマに沿った本棚をつくっていきましょうという試みです。さまざまな人たちが、それぞれに違うテーマで、ぞれぞれに違う思いを持って、人生にとって大事だと思う本を持ち寄り、それを棚に植えていく作業をしたわけです。

本を棚に並べるだけでなく、本と共にその方々の思いを込めたものも飾ってよしという形にしました。本はディスプレイの一つでもある。地球儀があったり、さまざまなグッズも並んでいたり、あえて本以外のものも陳列して棚をつくっていこうと考えて進めました。

私の棚も、自分の興味や好奇心のおもむくままに埋めていきました。特にこの場所がもともと南海ホークスの本拠地であった大阪球場があったことを意識し、私のホークスへの愛着を込めた著書『南海ホークスがあったころ　野球ファンとパ・リーグの文化史』（河出書房新社）を中心に、大阪球場のグラウンドの土やスタンドの椅子、ホークスのグッズを多数、陳列しました。

まちライブラリー活動は、ライブラリーに本を集める仕組みを変えていこうというものです。イベントを開催し、本を持ち寄り、本棚をつくって、それで図書館ができていく。従来の図書館は最初から本があって多くの方がそれを利用するだけです。そうではなく、みんなで本棚をつくる、みんなで図書館をつくる運動を始めようという発想がその原点にあります。

本が心をつないでいく

本に託した思い、本を読んだ人のコメントが積み重なっていく仕組みとしてメッセージカードを添えるようにしました。前にこの本を読んだ人の思い入れがわかるような仕掛けをアイデアとして取り入れたのです。

大学に拠点をつくりましたが、お寺やカフェ、駅、病院など、さまざまなところに本棚をみんなでつくったらどうか。たとえば病院の本棚には病気を治そうという本しかない。駅にある書棚には不要な本ばかりが置かれている。

そうではなく、ほかの人にも読んでほしいという本を公共の場に託し、みんなの思いを込めた本棚を、みんなでつくっていくという運動を展開しようと考えました。それを、礒井さんの言葉で「学縁」と表現しました。本を媒介として、人と人の出会いを大事にする。学びの縁を広げようということを強調しました。

可能な限りお互いの顔が見える規模の本棚づくりを展開していこうと考えました。従来の図書館における本の提供の仕方は、本棚を置いている側が読んでほしいと思う本を並べます。それに対して、利用者がさまざまな本を持ち寄って交流しながら本棚を埋めていくことで、本や本を置く場所の関係性を媒介として、人と人との新しい関係性をつくっていけたらどうかと考えました。

たとえば海外のリゾートなどにライブラリーがありますが、そこでは、旅人が本を置いていく。新たに訪れた旅人はこういう本を読む人がここを訪れたのだなと思いながら、その本を手に取る。そういう連続性によって、いろいろな人の思いがそこに積み重なり、残されていく。そのような仕組みを構築することができれば面白いだろうと考えたのです。

私たちは当初、特に本を媒介とした関係性の変化を発展段階として把握するべく、「発酵」とか「創発」という概念で次のように整理しました。

①「本」を通して「人の顔」が見えてくる。
②「本棚」の場所が小さな「語り合い、学びあいの場」となる。
③「人」と出会う「場」となる。
④刺激が生まれ「人」が「発酵」する。

この四つの段階は、最近はやりの言葉で言うと「コ・クリエーション」「共創」という概念が近いのかなと思っております。

まちライブラリーは、その後、多くの方の共感を得ました。二〇一三年に大阪府立大学のライブラリーがグッドデザイン賞、Library of the Yearの優秀賞、日経ニューオフィス賞などを受賞しました。我々がここで年間通じて毎週のようにさまざまなイベントやワークショップを数多く開催する中で、「まちライブラリー@ＯＩＣ（立命館大学大阪いばらきキャンパス）」や東急不動産の「まちライブラリー@もりのみやキューズモール」など、いくつかのまちライブラリーが大阪にできました。

その後、名古屋や東京、兵庫などにも、まちライブラリーの活動は広がりました。二〇一六年三月には全国各地に二百七十七カ所、二〇二〇年現在では、八百カ所を数えるにいたっています。

つながりがブックフェスタへ

まちライブラリーの活動が、各地に広まっています。お店であったりお家であったり事務所であったり、いろいろなところで活動する方々が増えてまいりました。そこで、二〇一五年にブックフェスタを企画することになります。

まちライブラリーを連携しようというイベントです。「本を持って、まちに出て、人とつながろう」とうたいました。小さなイベントをいくつも開催することで多くの方が何カ所も回れるような、そんな仕組みができたらいいなという思いで始めました。

初年度は百四十カ所二百七十七件のイベントを展開し、本のある場所をつないだスタンプラリーなども実施しました。本を媒介とした地域連携やネットワーキング、それとショートトリップ、本のある場所から本のある場所に移動していただくことも推奨しました。

まちライブラリーの象徴であるタコのマークは礒井さんが提案されました。タコがタコ壺から出て、本を手に外を歩いているイメージです。

五回目となった昨年二〇一九年の「BOOK FESTA in KANSAI」は、二百七十四カ所三百十三件のイベントを実施しました。個人などでやっているまちライブラリーだけでなく、公共図書館や書店などの大きな施設も連携していただける状況にまでなりました。このようなまちライブラリーとブックフェスタの経験から、私たちは次の発想を得る段階に入ったことを感じました。そこで今年は「ブックフェスタ・ジャパン２０２０」として新たな展開に挑戦するに至ったのです。

新型コロナウイルスによるパンデミックで私たちの活動は大きく制限されました。一方でリモートで他者とつながる機会が増えました。リアルとサイバー、双方を使いこなす生活が当然のこととなりそうです。このような状況下で本を媒介としたコミュニケーションはどのようなステージを迎えるのか。私たちは、どのようなつながりを求めてゆくのか。先行きは見えませんが、だからこそ新たな可能性を求めて、つながりの場を提供するまちライブラリーの活動、さらにはその祭であるブックフェスタを、さらに大きく発展させていきたいと思います。

第1章　「本」と「人」を考える知見

二〇二〇年九月二十日～十月十八日実施イベントより

1　ブックツーリズムの原点、江戸時代の大阪からヨーロッパまで

橋爪紳也
大阪府立大学研究推進機構特別教授
大阪府立大学観光産業戦略研究所長

本を目的とする旅

「ブックフェスタ・ジャパン2020」では、「本を目的とする旅」をブックツーリズムと名づけて、その可能性を模索しようと考えました。「本を目的とする旅」にも、さまざまな形があります。たとえば本の見本市に出かける旅もあるでしょう。

ヨーロッパでは、世界から人が集まる本の見本市がいくつもあります。たとえばロンドン・ブックフェアは、印刷、オーディオ、テレビ、映画、動画サイトなど業界の枠を超えて、コンテンツの販売・流通に関する人が集まります。毎年、期間中に二万五千人以上の出版社および

クリエイティブ関連産業のプロフェッショナルが、スキルアップや人脈づくりのために、クリエイティブ産業のグローバル・ハブであるロンドンに集まるそうです。またフランクフルトのブックフェアは、五百年以上も続く伝統を有し、世界最大の書籍見本市として有名です。五日間の期間中に七千の出展があり、三十万人もの関係者が世界中から集まります。

わが国にも同様の催事があります。昨年、台北で聞いた話ですが、書店を兼ねる出版社のオーナーは、年に何度も、本を仕入れることを目的に日本を訪問しているそうです。たとえば大阪市住之江区北加賀屋で開催される「ASIA BOOK MARKET」にもよく来られているとのことでした。

書籍関係者の旅だけではありません。個人でも、良書を求めて旅をする人たちがいます。私の経験で言うと、学生時代は、週に一、二度は、大阪の古書店を巡っていました。同時に月に一回は必ず上京し、神田神保町に行って、出物はないかと馴染みの古本屋を十軒ぐらい巡って、そのあと国立国会図書館に立ち寄り、資料検索をするというのが長年の習慣でした。しかし、今ではインターネットの中で日本の古本屋のサイトを日々検索し、最近ではオークションサイトの「ヤフオク!」や「ラクマ」などをネットサーフィンしながら、資料を漁っています。結果、実際に古本街へ行く、あるいは古書市を覗くということがなくなっているのが現状です。

作家や作品のゆかりの地を巡るという旅もあります。内外を問わず、著名な作家の生誕地にはその活動を顕彰する文学館があります。一方で、有名な作品の舞台となったところ、聖地化された場所を巡るコンテンツツーリズムもあります。私はこの秋には、遠藤周作の代表作である『沈黙』の舞台となった長崎県の外海《そとめ》を巡り、記念館を訪問する予定です。

また、さまざまな日本の名旅館や海外のリゾートホテル等に設置されたライブラリーで時間を過ごすことを楽しみとしている人もいるでしょう。ほかにも死ぬまでに一度は行ってみたい本屋とか、あるいはあの図書館で一度ゆっくり時間を過ごしたいとか、そういう思いをもたれている方もあるでしょう。それもまた、「本を目的とする旅」だと考えられます。

ブックツーリズムとは

このような本と旅とを包括する枠組みとして、ブックツーリズムという概念を提唱したいと考えています。英語圏でどう表現するのだろうと思ってインターネットで調べてみました。すると新しく出版された本のプロモーションに作家が各地を巡る旅のことを「Book tour」と呼ぶらしいと知りました。

私は芸術新聞社から『みんなの建築ミニチュア』という本を三年ほど前に出版しました。私と共著者の遠藤秀平先生がコレクションしている世界中の建築のミニチュアを一千個ほど紹介する本です。各地で建築ミニチュアの巡回展を実施しています。去年は台北でも展覧会をするとともに、この本の台湾語版を出版しました。台湾語版をつくってくださった台北の書店で、トークセッションを行いました。先に紹介した「Book tour」はまさにこのような営為のことだと思いました。

礒井さんと私は、まちライブラリーというコンセプトを一緒に形にしてきました。礒井さんは、まちライブラリーを伝道するために日本中を行脚されています。礒井さんにとっての「Book tour」は、まちライブラリーという活動を広げる旅なのかもしれません。

もっとも礒井さんと私で考えているブックツーリズムは、このような「Book tour」ではありません。私は、一般の方々と共に、本を媒介としてさまざまな目的で楽しむ場所をつないで旅をすることを提唱していきたいと思います。そのためにも、ブックツーリズムという言葉を再定義しないといけないと思っています。

原点に立ち返るならば、「Book」と「Tourism」という言葉には親和性があります。そもそも、「Book」という言葉は旅行用語でもあるのです。「Book」の語源はブナの木でできた紙のことを指し、それを束ねたものが「Book」です。そこから「Booking」という言葉ができました。記帳するという意味ですが、特に旅行の場合では、宿や乗り物を予約することも「Booking」と言います。

一方英語で旅行を表す言葉には、「Trip」「Travel」「Tour」「Journey」があり、それぞれ意味合いが違います。また、「Tourism」という言葉にするとまったく異なる響きになります。後ろに「ism」という言葉がありますので、一定の主義・主張をもって旅をすることを意味します。

ですから、「Book tourism」といった場合には「Book tour」とは違って、本を持って旅をすること、あるいは本を目的に旅をすることに、何らかのミッションを自らに課しているということになろうかと思います。

歴史に見る旅と本の親和性

旅と本の関係の親和性の高さを考えたときに、その背景にどのような文化的事情があるのでしょうか。旅に持っていく本として、ガイドブック、道中案内などがあります。一方で、旅の思い出に持ち帰る書籍や写真集などが発行されています。書籍ではありませんが朱印帳の類も、旅に持ち歩く本といってよいかも知れません。どうやらこのあたりに、旅と本の関係性の原点があるのだろうと思います。

私が関心を持つのは、旅人が携行する旅行案内の書物です。これまで、ガイドブックや案内書からまちの歴史、あるいは地域の在り方を読み解く試みを継続してきました。『瀬戸内海モダニズム周遊』『大京都モダニズム観光』『大大阪モダニズム遊覧』（いずれも芸術新聞社）の三作は、戦前の観光ガイドブックを読み解きながら、いかに地域が観光開発されたかの歴史を明らかにしたものです。

『瀬戸内海モダニズム周遊』では、大阪商船という船会社が関係者に配布した『海』という雑誌をひも解いています。PR冊子を通じて、先人が、瀬戸内海の各所にいかに魅力を発見し、それをアピールしたのか、あるいは瀬戸内海の観光地がいかに開発されたのかを知ることができます。

『大京都モダニズム観光』は、京都が周辺部の市町村をのみ込んで「大京都」になったときに、近代的な観光都市に転じたという経緯を論じたものです。さまざまな観光ガイドブックを読み解いていますが、特に京阪電車が発行した雑誌『京阪』などを分析の対象としました。

また『大大阪モダニズム遊覧』は、戦前の大阪の観光政策、特に産業観光と教育観光に力を入れていた時代を、当時のガイドブックや案内チラシなどから読み解く研究書です。

私たちは、ガイドブックという形式で、本と旅を結びつけています。そこで思い出されるのが、大阪の先人が創案した「講」という仕組みです。私は大阪のミナミの塗装屋のせがれでありまして、私の育った家からは歩いて三十秒ぐらいのところに東横堀川という川がありました。大阪は「水の都」と呼ばれており、多くの水路が縦横に掘削されていました。かつてその川筋の地区、特に天満橋や北浜、道頓堀には、数多くの旅館あるいは旅籠、料亭がありました。

大阪は江戸時代、大坂と記した時代から日本を代表する観光都市でした。東から来た人は京都から船で下り、八軒屋という天満橋近くの港で降りて、しばらく大坂に滞在する。次に高野山に行ったり、あるいは金比羅参りしたりする人もあったでしょう。特に四国方面に行く場合は、瀬戸内に出向く船の出帆を待たないといけない。そのため道頓堀や天満橋の川沿いに、船を待つ人たちが逗留する旅館街があったのです。

また川筋には、各藩の蔵屋敷がありました。そこに詰めている武士たちも、半年から一年ほど大坂に滞在する。大坂は商いの町ですが、その本質は、日本中の人たちが短期滞在する町だったのです。

そのため、いろいろな旅館が創業され、いろいろな楽しみを提供するようになったわけです。

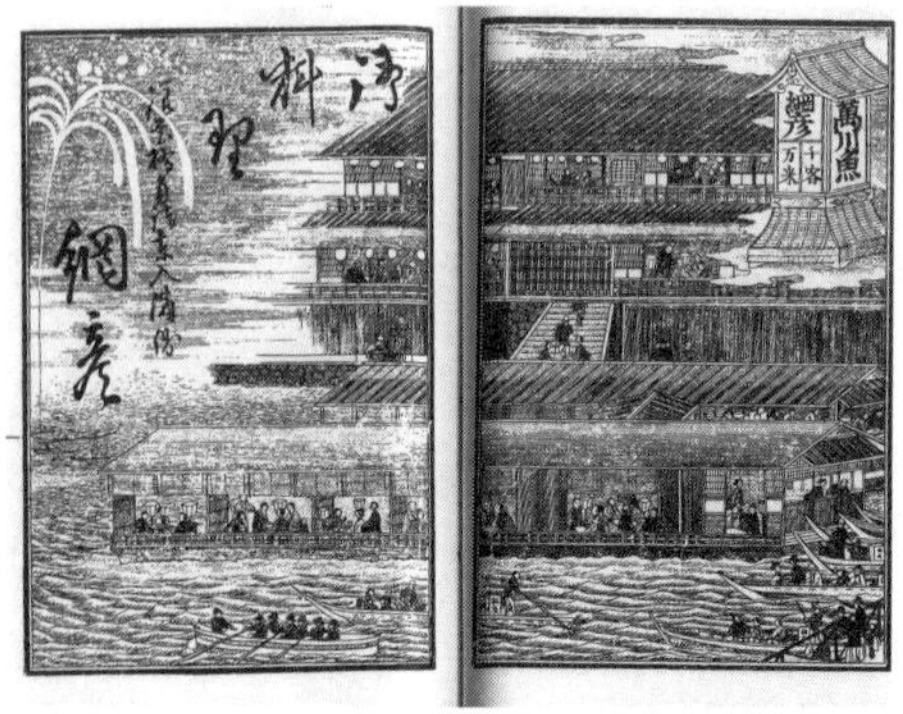

難波橋の料理旅館「網彦」の紹介ページ

道頓堀や土佐堀川に面した旅館の入り口には川に降りる階段があって、直接船に乗ることができました。川べりに面してデッキのような場所があって、そこで夕涼みがてら風景を見てくつろぎ、また旅館に乗りつける屋形船で遊びに出かけることもできました。

たとえば難波橋にあった旅館「網彦」も、直接川に降りる階段が宿屋の中にあって、川に固定された船の上で遊ぶことができました。この旅館では、もう一つ外側にも固定した船を浮かべてそこも座敷にし、そこからまた屋形船に乗って名所に往来でるような形をとっていた。これが大阪の水辺にある賑わいの本質的な、原風景みたいなものであると思っております。

大阪にはこうした大きな宿屋が、江戸時代から多くあり、その経営は非常に近代的でした。ヨーロッパの旅行でいうとトーマス・クック社が世界旅行をエージェントとして始めたことは有名ですが、ほぼ同じ頃に大阪で、宿屋が全国に人々を送り出す仕組みを構築していたのです。

いちばん有名なのは「河内屋」がつくった「浪花講」という仕組みです。伊勢、高野山、京都に行く各街道、あるいは船で金毘羅参りをするルート、それぞれの宿場町ごとに提携旅館があり、ひょうたんの看板を掲げていました。そのうえで、ひょうたんの「河内屋」が保証する旅館であるので、非常に安心できると訴求しました。提携旅館では、たとえば大きな荷物があると先送りをしたり、現金をたくさん持って歩くと危ないので旅先で使える為替を出したりしていました。

このような旅館が、各種の出版物を提供していました。「浪花講」と題された資料を紹介しましょう。これは大和巡りから金比羅への道と書かれています。そこには、各宿場の宿の名前が記載されています。人々がこの種の本を持って、安全・安心に旅行ができる仕組みを、旅館の手代が発明したと伝えられています。これにはいろいろなバリエーションがあって、違う旅館チェーンも同様の「講」をつくりました。

そのほかさまざまな旅の心得が書かれていている本もあります。血豆ができたらどう治したらいいか、旅先で困ったときにどうするか、女性の一人旅には気をつけようといった旅におけるあらゆるトラブルの対処法が書かれている冊子を配り、それがまた宣伝にもなった。

この「浪花講」を世に広めた「河内屋」の場合では、いくつかの名店と提携して、土産が安く購入できるなど、大坂に滞在する人にさまざまなサービスを用意していました。当時の大坂は幕府直轄でしたので、旅人が大坂城に入れるわけがない。ところが、大坂城出入りの商人の鑑札をこの旅館が手配していて、その鑑札を持つと城の中に商人のふりをして入ることができる。そんな仕組みまで用意をしていました。今風にいうとオプショナルツアーといったところでしょうか。先ほど申し上げたように、江戸時代の旅行者は大坂で何泊もしますので、趣向を凝らした楽しみが用意されていたのです。

「浪花講」とは、大阪の旅館が創案した近代的な旅行のエージェントシステムとして、ヨーロッパと並ぶ非常に画期的なものでありますが、一般にはあまり知られていませんでした。そこにおいて重要であったのは、旅の道中の際に懐中に入れた書物であったことは面白いと思います。

「浪花講」の時代から今日に至るまで、私たちの旅にはガイドブックが欠かせません。しかし近年、その役割がなくなろうとしています。今はもうスマートフォンさえあれば、初めて行く町でも、どんな迷路みたいな町でも迷わない便利な状況に

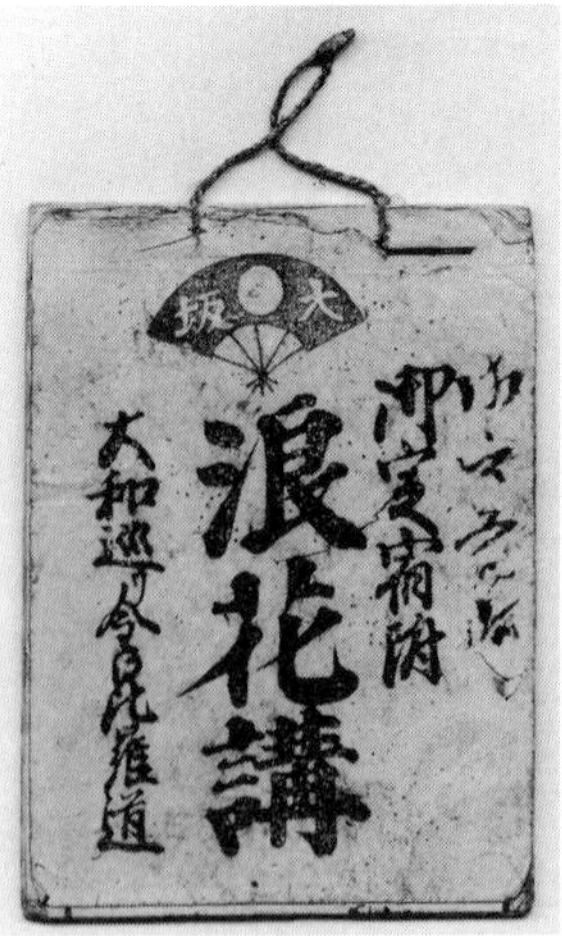

「浪花講」の道中案内

なりました。通訳もスマートフォンがしてくれるようになりました。かつてはガイドブックを片手に身振り手振りで助けを乞わないと通じませんでしたが、それらは過去のものになりつつあります。旅の途中で手にする本も今ではずいぶん減っていっているような気がします。

図書館を目的にする旅

我々はさまざまな目的で赴く先々で、本にふれたいという欲求を持って旅をします。最近は世界の美しい書店や話題になっている本屋さん、魅力的な図書館などの情報がインターネットで紹介されている。ここはおかしいのですが、私もガイドブックではなくて、インターネットでそんな本屋を調べて、海外に旅をしております。

建築や都市開発の専門家として、新しい話題となる図書館や話題となる本屋が出てくると、見に行かなあかんなという思いが湧き上がります。世界各地で書店や図書館を見ているのですが、ここでは三つの事例だけをご紹介します。

最近気に入っている図書館の一つがオーストラリアのメルボルンにあるビクトリア州立図書館。ここは世界で美しい図書館のランキングで、毎年、ベストファイブに入ってくる、素晴らしい図書館です。観光ガイドブックに必ず載っています。館内が美しくて、閲覧室が本当に素晴らしい。各階にギャラリーとなっている回廊があるのですが、各所にバルコニーがあって閲

ビクトリア州立図書館の内部

覧室の風景を上から楽しむことができる。

本を読んでいる人だけではなくて、チェスをしているとか、いろいろなゲームをして遊んでいる人たちを見ることができます。現代的な最新のライブラリー機能もあるのですが、このような歴史のある図書館を観光地にしている場所は近年、世界各地に誕生しています。

次は、イギリスのバーミンガム公共図書館です。この数年、注目されるようになった新しい図書館です。市役所に隣接していて、空洞化した都心再生の拠点施設として建設されたヨーロッパで最大の公立図書館です。有名なシェイクスピア関連の最大の書籍コレクションがあり、またマララ・ユスフザイさんがバーミンガムに住んでいて、二〇一三年九月三日の開館当日には彼女が女性の権利、教育の権利に関して、強いメッセージをここか

バーミンガム公共図書館の美しい外観（右）と広々とした内部（左）

ら発信しました。日本では図書館が中核となって新しいものを生み出そうとしている動きは紹介されませんが、バーミンガムでは図書館が都心における文化活動の拠点になっています。

建物も美しい。ヨーロッパを代表する建築家の作品ですが、金と銀の箱を積み上げたようなユニークな外観です。かつて水の都であったバーミンガムでは、産業用の水路を再生しています。その拠点としての役割も担っています。機能的なライブラリーですが、ライティングによって夜景も美しい。

もう一つ、昨年、はるばる訪ねたのが、デンマークのオーフスという町にある、ＤＯＫＫ１という新しいライブラリーです。オーフスはデンマーク第二の都市で、人口三十五万人。都市圏でだいたい百万人くらいの都市です。大学が数多くあり、最近ではＩＴ企業の進出で注目されています。大学を出た若い優秀な人たちがオーフス市にそのまま残りますので、総人口の四分の一が二十歳代。町全部の平均年齢が二十八歳ぐらいという、若々しい町です。世界中の専門家がＩＴやスマートシティーの最先端の事例をオーフスに視察に行っているのが現状です。

オーフスでは、港に面した一帯の再開発を進める拠点施設として、ライブラリーが構想され、二〇一五年に開館しました。デンマーク独特の社会民主主義にあって、図書館、ライブラリーは、教育の場として重要であるという意識があります。しかし従来型の図書館は不要だという前提のもとに、まったく違う図書館の構想計画が持ち上がりました。

この図書館を立ち上げたキーパーソン何人かに話を聞きました。どんな図書館がいいのかという原案がいちおうあったようなのですが、それを基に多くの市民のアイデアを盛り込むことにした。駅前にガラス張りの箱をつくり、数年間、行き交う市民に意見を求めて、話し合いを延々と重ねて、アイデアを集めに集めるというプロセスを踏みました。市民みんながいいと思うようなものをつくるためには、できるだけ多くの人の意見を聞こうという姿勢がデンマークでは重視されるようです。自分とは違う意見が出ても、多数決で決まれば、それに従うという民主主義のルールに則って建設が進められました。

デンマークは民主主義を本当に大事にしている国です。彼らは、さまざまなディスカッションを経て、新しい図書館を「Space for co-operation」（協力のためのスペース）となるようにつくりました。鍵となるアイデアは「マッシュアップ・ライブラリー」という言葉に集約されます。

マッシュアップというのは音楽の用語で、さまざまな音源を合わせて新しいものをつくっていくという言葉です。マッシュアップ・ライブラリーでは、異なったアイデア、考え方が同じ空間にあることで、多くの人が対話し、知識を共有し、さまざまな学習をする。市民の向上心を高め合うような、そんな場所をつくろうと考えたそうです。

館内には市役所の機能がほぼすべて整っています。図書館なのですが、窓口では行政の各種サービスを受けることができます。当然、本も借りられるのですが、コワーキングスペースや、Wi-Fi環境も万全なので、大学生たちなどは至るところで学習目的で利用しています。図書館の収蔵庫は地下に設置し、本の出し入れは全自動で、返却した本がベルトコンベアで運ばれる様子も一つの見どころとなっています。

館内のいちばん大きなスペースでは、くつろぎながら読書を楽しめます。バリアフリーも万全で階段のところには車椅子の方の通路がジグザグに伸びています。ここは吹き抜けになっており、コンサートやさまざまなトークイベントを行ったりします。驚いたのは、音は自由に出してよいということ。声も自由に発声してよしというレギュレーションなのです。我々は図書館であまり大きな声を出すなと言われますが、ここは音楽をやっていたり、話をしていたりしてよしというルールです。

いくつもホールや教室があり、機械で物をつくる部屋などもあります。子育て中の方の支援のためのスクールが催されたりします。また、展示スペースも随所にある。ギャラリーや展示

「DOKK1」の内部

室になっているのではなくて、ライブラリーの隙間のようなところで個性豊かな企画展示が行われています。私が訪れたときには、昔のオフィスや昔の事務機器を子どもたちに触れてもらうコーナーを設けていました。電話のダイヤルを回すという経験が、今の子どもにはありません。古い機械に触れるという展示でした。

図書館の運営側に聞くと、これをしてはいけませんということは一切つくらない。何をしてもいい。それは市民それぞれがこの場所でふさわしいことをしてくださいということで、禁止事項を一切決めないというルールを基本にこの図書館を運営することを決断したというのが、DOKK1のユニークなところです。唯一、ひと部屋だけ、発声禁止という部屋が用意されています。本当に静かな場所で勉強したい人だけが入室を許される部屋です。この図書館の中でこれをしたら駄目だというマークは一切ありません。私は驚きました。日本の図書館ではあり得ない。至るところで人々がそれぞれくつろいだり、遊んだり、勉強したり、話し合ったりしていました。子どもたちのプレイングスペース、ゲームをするような場所が多々あります。そこかしこで、保護者によるグループが自然発生的にできて、場所ごとの使い方が決まっていったようです。

パブリックアートもあります。屋外には、方位ごとに、その方向の彼方に存在する国々をテーマとしたオブジェを並べていました。アフリカ方面に向いているのは、ゾウの巨大なモニュメントです。ここもプレイグラウンドになっていて、子育ての中の人が何時間もお子さんと楽しめる工夫が施されています。

インテリアのアートとして鐘が吊るされているのですが、これが病院とつながっているのです。市民病院で赤ちゃんが生まれて、お父さんお母さんが了解すると、そこにあるボタンがポンと押され、この鐘がゴーンと鳴る。図書館にいる人たちが、「市民が一人増えた」「おめでとう」と言って拍手をするという趣向のパブリックアートです。去年私が行っている間に鐘がゴーンと鳴らなかったのが残念ですが、なかなかほかでは見たことがありません。病院と直結することで、子どもが産まれたというのを統計で知るのではなくて、鐘の音でまちの人に知らせるというのはいいなと思いました。

先に述べたように、アイコニックなこの図書館がオーフス港周辺地区の再開発を促すトリガーとなる施設です。これから近傍に大学や住宅ができ、まったく新しいまちが生まれてゆく。市民の交流拠点となる新しい公共図書館が、そのきっかけとなるわけです。彼らはここに、「Open-minded meeting place」、すなわちさまざまな公開の場、さまざまに人が交流する場をつくろうとしました。この新しいタイプの図書館は、そのものが市民の広場であると考えられました。

こういう従来とは違う、本のある場所をつくろうという発想の下に新しい図書館が世界各地に誕生しています。バリエーションは多種多様です。それを順番に見て回ろうと考えているところです。

ブックフェスタからブックツーリズムへ

私たちは、まちライブラリーとして、本を媒介として人と人をつなぐ場所をつくろうという活動を十年ほど続けてきております。この数年はブックフェスタの企画として、各地のまちライブラリーをつないでいくショートトリップを考えてきました。本のある場所同士をつなぐ活動を継続しているところです。その次のフェーズとして、本を媒介として人がいろいろな場所に移動する試みとして、「Book tourism」という概念を考えています。

ここでも述べてきたように、本の見本市への出展や視察、古書街を巡る旅、作家や作品ゆかりの地を巡る旅行、ホテルのライブラリーを楽しむ滞在型の旅、ライブラリーや書店を目的地とする旅など多彩なスタイルでの「本の旅」があると思います。本を媒介として人と人がつながるような、そんな旅の在り方を考えながら、新しい概念を広めていくことができればと思います。

2　読む図書館から書く図書館、生活史の大切さ

岸　政彦
立命館大学大学院先端総合学術研究科教授
小説家

本を読むことを、我々は人任せ、お上任せにするのではなく、自分たちで読む、読む機会や場所をつくることが大事です。個人的には、公立図書館の機能がいちばん大事だと思っています。大阪府吹田市千里万博公園内にあった大阪府立国際児童文学館、大好きだったんですけども、維新の会に潰されてしまいました。その後移転したらしいですが、とにかくあのような素晴らしい施設を公立でつくっていかないといけない。市民の文化活動に対しては、まずは「公」が責任を持つべきです。すべて民間に委託することはできないのです。

それと両輪で、市民が自分たちで読み合う場所をつくるという試みとして、まちライブラリーを見学させていただきました。こうした「私」の領域での、市民の自主的な文化活動も、もちろん大切だと思います。

私はそこからさらにもう一歩進めて、本を読む場所だけではなく、「書く場所」をつくりたい、市民が書く側に回るということについて話したいと思います。

生活史とは

私は生活史というものをやっております。これは社会学の調査法なのですが、正直言って誰でもできます。話を聞く、っていうだけのことですから。私はしゃべりたい方なので黙って聞くのが実は苦手なのですが、そんな私でもできる。もう二十年以上やって、数百人の方にお会いしました。主に沖縄をフィールドにしています。しかし、ただ話を聞き続けるというのは、とてもしんどいことでもあります。

生活史は、個人の生い立ちと人生の語りを聞くスタイルの調査です。社会学の調査はいろいろな方法があります。統計で数万人、数十万人を相手にする大きな調査や、参与観察といって、何十人かの集団や組織、あるいは例えば遠い外国の、いろいろな人々が住んでいるところに入っていって生活を共にするというスタイルもあります。

私の対象は個人です。個人の話を聞いて社会がわかるのかと思われますが、これが、わかるのです。社会というのは、いろいろな個人で成り立っていますので、個人は社会の鏡だといえます。どんな個人でも、結局は社会のなかで生きているのです。人間はひとりでは生きられないですから。ですから、個人の人生のなかに、社会が見えてくるのです。

私が聞くのは、偉い人や有名な人ではなく、ふつうの人、特に高齢者が多いです。その人たちの人生を聞く。いま私は沖縄戦の調査をしていまして、沖縄で八十歳、九十歳のおじいちゃんおばあちゃんに話を聞きますと、いろいろなことが勉強になります。こうやって沖縄の人たちは生きてきたのだな、生き延びてきたのだなということが、非常によくわかるのです。ひとりひとりの人生のなかに、「沖縄戦後史」がある。そう思って調査しています。

数字で切り取ったパーセンテージで理解するより、もっと「ああ、そうなのか……」という感じ。変なたとえですが、酒がうまい語り、というか。ちょっと一杯飲みたくなるような、「ああ、人生だな……」という感じの語りを聞き取っています。

私小説と大阪

私は小説には全然興味がなかったのですが、しつこく小説を書けと言われまして、「じゃあ書いてみるわ」と言って書いたら、たまたま芥川賞の候補になりまして。これは偉くもなんともない、落ちたんです（笑）。

小説を書くときには、非常に個人的な私小説になります。大阪のことばかりです。これまでにいくつかの作品を書いているのですが、全部大阪が舞台、大阪のふつうの人々を書いています。

ですから大阪コテコテのおっさんだと思われますが、実は地方の出身です。地元の進学校に行っていたので、同級生はほとんど東京とかアメリカの大学に行くのですが、私ひとりだけ大阪の大学に来た。一九八七年のことです。

受験で大阪と東京と両方受けて、大阪がものすごく好きになった。当時、大阪もこれからバブルでバーッと景気が伸びていくときで、もちろん東京もキラキラしていて面白かったし、友達は全員東京に行くのですが、私ひとりだけ大阪に来たのです。関西大学というところと東京のいくつかの大学に受かって、迷わずこちらに来ました。それ以来三十三年間、本籍もこちらに移し、家もこちらで建てて、平均寿命の直前まで住宅ローンを背負うことになりました。だから私はいまの大学の職場に盾突くことができません。社畜です（笑）。

三十三年住んでいるので、「大阪人」ではないけど、「大阪の人間」だと自分では思っています。私の小説に出てくるのが、いちばん好きな大阪の「左半分」です。いちばん大阪らしくない、大正区とか、大阪らしくないと言うと叱られますけれども、港のほう、ちょっと寂しい感じのところです。ふつう大阪を舞台に描くと、道頓堀とか、天満とか、お初天神だと思うのですが、最近書いた『リリアン』（新潮社）という小説は、舞台が我孫子町です。これは年明けに単行本になるので皆さん読んでください。我孫子町を書いた小説って、ほかにないんちゃうかな。

自分としては「わいも一生ここで暮らすんかな」と思ったりする。これは有山じゅんじの歌ですが。大阪の地元の人はあまり描かないような、むしろ外から来た人間だから描いていると思うのです。大阪のふつうの街中がなぜこんなに好きなのだろうと思う。がもよん（蒲生四丁目）とかよく散歩します。そういえば、蒲生といえば、なぜかいつも四丁目ですね。一丁目とかもあるんでしょうか。

今、『リリアン』のほかに、二冊ほど小説集が出ています。最初の『ビニール傘』（新潮社）は芥川賞の候補になりました。表紙の写真は大正区の風景です。鈴木育郎さんという私の大好きな写真家の方に撮ってもらいました。この方の本職はとび職です。

『図書室』（新潮社）の表紙は自分で写しました。これは淀川です。赤川かな。読者の方で、同じ場所でこの表紙の写真を撮った方が何十人もいて、ツイッターで流れてきて、すごく嬉しかった。『図書室』という小説は、淀川の河川敷で小学生の男の子と女の子が、世界が滅びたあと生き残るという話です。大阪について書きたいこと、書きたい場所はほかにもいっぱいあります。これからも大阪の話を書いていくと思います。

私は学生の頃や独身のときは、わりとネイティブ大阪弁に近かったのですが、結婚した連れあいが三重県の人で、彼女は超ネイティブ伊勢弁で、一切大阪弁を話す気がない（笑）。二十年一緒に暮らしているとだんだんうつってきて、元の方言もあるし、それから今の職場、立命館大学の大学院先端総合学術研究科は千葉雅也とか小川さやかみたいな『アベンジャーズ』みたいなすごい人ばかりなんですが、みんな東京大学出身だったりするのです。だから、だんだん大阪弁が落ちてきて、東京弁もうつってきて、もう自分でもどこの言葉を喋ってるかわからなくなってきた。テレビや出版の仕事も東京ばかりです。

前半世間話が多いようですが、全部あとでつながってくるので、ちょっと我慢して聞いてください。十八歳のときに受験で大阪と東京に行って、大阪にドはまりした。一九八六年、私は一浪しているので大阪に二回来ているのですが、新世界に行って、ひとりでジャンジャン横町を歩いて、お好み焼き屋があったのでお好み焼き屋に入ったのです。当時七、八十歳ぐらいのご夫婦がやっている店で、豚玉とかビールを頼みました。

おじいちゃんがずっとボケているのです。それをおばあちゃんがガン無視しているのです。それが面白くて。私のお好み焼きを焼きながら、七、八十歳ぐらいのおじいちゃんが、「ああ、やっぱり二十歳過ぎたらしんどいわあ」と言ったのです。それをおばあちゃんがガン無視して運んでいるのが面白すぎて、「あ、おれはここに来よう。この街すごい、こんなところがあるんだ」と。

当時は、心斎橋の路上、商店街の一、二本裏あたりに、まだ、おばちゃんが立っていました。それで、「兄ちゃん、遊んでいかへんか」と声をかけるんです。こっちはまだ十八歳ですよ。

なぜか知らないけれどもその人と話し込んだのです。「何しに来てん」「ぼく、受験で来てて」「そうなんか。うちのな、息子もそれぐらいでな」と言っていた。「あ、そうか。ちょっと、よう遊ばんわ、その話聞いて」と。もともとそういうことはしないですけれども。しかし「最近ずっと会うてへんけどな。もし元気やったら兄ちゃんぐらいやわ、ちょうど」と言っていて、ちょっとしみじみすることがあった。

大阪・沖縄・東京の「ふつう」

私はお金のかからない趣味が好きで、歩くのが本当に好きで、連れ合いも本当に歩くのが好き。だけど、なんとか遊歩道とか散歩道とか、よくあるでしょう、奈良だと「万葉を歩く」みたいな。あのようなところは行きません。がもよんです。蒲生四丁目とか、そういうところを歩くのです。何もないところが好きなのです。

もう引っ越してしまいましたが、私の今の家の、隣の文化住宅におばあちゃんが住んでいました。そのおばあちゃんが異常に植木が好きな人で、私のところは共働きで世話もできないので、植木を置いていなかったら「なんで植木置かへんの」と真顔で言われて、それからというもの、どんどん植木を持ってくるのです。「いらん」と言ったら、悲しそうな顔をして「そうかあ」と。ところがあるとき、いつのまにか勝手に置かれていて。それは育てました。

私は写真も好きなので、大阪の古い家の、小さい家の植木を私はすごくたくさん撮ります。植木ばかりの写真が、何千枚とあると思います。こういうものをすごく美しいと思います。ようするに、こういう「ふつうのもの」に、美しさを感じるんです。

それから、沖縄について。私は大学を卒業するぐらいで沖縄病になって、そのまま沖縄を研究テーマにしました。それでライフワークになって、沖縄戦の調査では一人で五十五人に聞きました。学生に聞いてもらった分もありますが。

最初は本当の沖縄みたいなものをすごく求めていました。全然内地と違う文化があって、だから内地っぽくなっているとちょっとがっかりしていました。マクドナルドとかコンビニができると、ちょっとがっかりしていたのです。「ああ、沖縄らしさが失われていく」みたいなことを勝手に思っていました。

しかし社会学でいろいろ勉強していくと、そういうものは植民地主義なのではないかと。強いマジョリティ側が、基地とか貧困とかを押しつけておいて、沖縄らしさだけ守りなさいというのは、勝手すぎる。マクドナルドやコンビニはあったほうが便利に決まっていますし、古民家よりはマンションのほうが住みやすいに決まっている。

ジェンダーの視点を入れると、古民家を守れと言うが、「じゃあ掃除するのは誰だよ」という話です。

この二十何年間で、そういうふうに考え方が変わってきました。しかし沖縄が好きだという気持ちは全然変わらなくて、研究者仲間から幸せ者と言われます。だいたい途中で嫌いになるのですが、私は全然変わらない。大阪も沖縄も全然変わらない。

たとえば、「おもろまち」という近代化された再開発地域は、ショッピングセンターとかシネコンとかマンションしかないところですが、私はそういうところでも「ああ沖縄らしいな」と思います。こうして「ふつうの沖縄」というものが、だんだんテーマになってきたのです。生活史を聞いているということもあり、聞く相手は一般の、ふつうの市民の方です。有名な人に聞くというやり方もありますけれども、私はずっと一般の人に聞くやり方です。

大阪でも、「ふつうの大阪」を残したいとすごく思います。外からのイメージはコテコテか豊臣秀吉かどちらかです。大阪のことを勉強するとか、大阪のことを表現する、大阪のことを書くときに、「ふつうの大阪」というとすごく誤解されるのですが、それは平均とかマジョリティという意味ではない。当たり前ですが、やはりマイノリティがたくさんいらっしゃいます。当然半分女性だし、障害者とか、ＬＧＢＴとか、被差別部落も多いです。在日コリアンの方もたくさん住んでいるし、沖縄の方もたくさん住んでいるし、釜ヶ崎というところがある。そういういろいろな多様性も入れて「ふつう」なのです。

今本当に「ふつうの大阪」を語る言葉がないのです。私はあまり、地名の由来とかに興味がない。玉造とかいうと渡来人の方が玉を造っていたとかというのは、なるほどとは思う。でも、そういうことだけではなく、大阪のふつうを描きたいと、ずっと思っていて、これがだんだん生活史をはじめる動機みたいになってきた。

大阪人は、意外に自信がないと思います。東京の電車の中で、大声で自分の方言を使っているのは百パーセント大阪人です。あれはようするに劣等感の裏返しなんですね。文芸誌『文藝』で一年半ほど「大阪」というタイトルで一緒に連載をした柴崎友香さんが、こう書いています。「柴崎さんの小説すごく好きです。私、大阪は苦手なんですけど」と言われる、と。「その一言いらんやろ」と思うと（笑）。ある雑誌で私の小説の特集が組まれていて、いろいろな読者の方から「岸さんの小説すごく好きです」と、インスタグラムに上げてくれたりイベントで直接言われたりするときに、「大阪苦手なんですけど」と付くのです、たぶん五パーセントぐらいの割合で。

なぜか大阪に対しては、「怖い」「苦手」と、本人に言ってもいいという感じがある。私は大阪人B型説と呼んでいます。昔は血液型B型の人間には何を言ってもいいみたいな。「私、B型嫌いやねん」とか、私もよく言われました。そういう何を言ってもいい相手みたいな感じに、今大阪人がなっている感じがします。

ここ十年、維新の会が出てきた。維新の会に関しては、善教将大さんの『維新支持の分析』（有斐閣）という名著があります。政治学の計量分析なのですが、維新の会の支持は、階層とか学歴とか、あまり外生変数と関係ないのです。万遍なく、大阪人はみんな維新の会の支持をする。いろいろ計量的に統計的に調査をして、維新の会支持の源は何か。それは大阪アイデンティティなのです。東京に対して、統一的な大阪、東京に対抗する大阪というイメージをつくるのに成功したというのが、この本の主張です。

それから砂原庸介さん。このお二人の本は本当に中立の、政治学の、社会科学のまともな本なので、難しいですが、ぜひ読んでいただきたいと思います。納税者の論理と都市官僚制の論理というもののせめぎ合いについて書かれています。いまは納税者の論理に寄っていて、公立のものがガンガン削られていく。私は国際児童文学館がものすごく好きだったので、あれを潰したのは一生忘れへんで、ということを思っています。

いずれにせよ、維新の会がここまで伸びたということの背景に、大阪人の「劣等感」があると思います。その裏返しで、大阪アイデンティティみたいなものを求めてしまうのですね。

でも私は、そうやって無理して「大阪らしさ」をつくっていこうとして、結局は大阪都構想のような無茶な話が出てきてしまうのだと思います。何もなくていいんです。大阪っていう街は、そのままでいい。今のままで十分美しい、素晴らしい街だと思う。そういうことを描きたい。

次の本では東京の生活史を書く。キャッチフレーズは「ふつうの東京」。ふつうの東京というのは当たり前ですけれども、マジョリティという意味ではないです。マイノリティもたくさんいる、LGBTもたくさんいるという意味での「ふつうの東京」を残したいと、ツイッターにつぶやきましたら、五百人近くから応募がありました。

生活史にみんなすごく興味があるのだと思いました。東京をどう書くかというときに、「二十四時間眠らないバーチャルポストモダン記号都市」（笑）のような描写には、みんなもう飽き飽きしている。だからといって、平将門がどうしたとかの歴史でもない。いま暮らしているふつうの人のふつうの生活史を残したいとツイッターで言ったら、賛同してくれた人がものすごく多かったのです。

五百人近くから応募があり、担当編集者と延べ十時間かけて百五十人まで、泣く泣く削りました。ひとりがひとりずつ、百五十人の生活史を聞く。

千二百ページの本です。筑摩書房がつぶれるのではないかと心配ですが（笑）、一人あたり一万字の生活史が百五十人分並びます。そういう壮大な本を、今つくっている。それもこれも、「ふつうの東京」を残したいからです。

人それぞれの「理由」を綴る

生活史とは、個人の語りに立脚した社会調査です。ある社会問題とか歴史的事件の当事者や関係者によって語られる人生の経験を、マクロな歴史と構造に結びつけて、そこに隠された合理性、合理性というと大げさですが、広い意味での「理由」を描きだす。「なんでそんなことをするの」ということでも、やはり理由があるのです。

研究仲間の丸山里美さんは、女性ホームレスの研究をされています。今、京都大学の先生になりました。自分でも一カ月公園で住んだりして、ものすごく面白い本を書いた。ぜひ読んでください。本当に素晴らしい本です（『女性ホームレスとして生きる――貧困と排除の社会学』世界思想社）。

たとえば生活保護をもらってアパートに入れた女性ホームレスが、公園に戻ってしまう。ふつうに考えると愚かに見えるでしょう。そんなに公園がいいなら生活保護はいらないだろうと、自己責任に思ってしまうのですが、じっくり生活史を聞くとアパートのひとりの暮らしはつらいなということがわかってくるのです。この合理性というものは、その「わかるな」というぐらいの意味です。

人にはそれぞれ理由があるのです。突然通り魔をやってしまうような、ぜんぜん理由がわからない、すごく極端なケースもありますが、だいたいの人のだいたいの行為には理由があるのです。その理由を聞いて、教えてもらって、それを伝えるのが社会学者の仕事だと思います。

しかし生活史というものを、そもそも皆さんはしゃべったことがないと思います。聞いたことも当然ないと思うし、だいたい自分の話をずっとされると面倒くさいでしょう。友達と飲んでいて自分の話ばかりするひとは嫌われる（笑）。

だから、すごく特殊な場ではあります。ひたすら聞く。私は質問もせず、「ああー、へえー」とずっとうなっているだけです。三時間でも四時間でも聞きます。息を止めて海の底に素潜りする感じ、二時間も三時間も息を止めて海に潜る感じとよく言うのですが、終わると浮かび上がって「はーっ」と息をする。一日にひとりが私は限界です。

自分の生い立ちをひたすら語って、ひたすら聞くのですが、それにしてもやはり二時間、三時間しか聞けない。七十歳の方の人生を知ろうと思ったら七十年かかるわけで、一時間や二時間で聞けるわけがない。

だからよく「岸さん、人の人生全部をどうやって聞き出すんですか」とか聞かれますが、技術なんてないです。人生を全部聞き出そうと思っていないし、たまたま出会った人ですから、代表性も何もない。沖縄戦の経験者の「代表者」とは誰だろうということです。そんな人はいない。

たまたま出会ったひとりの個人に、ひとりずつゆっくり話を聞くだけで、当たり前ですが全部は聞けないわけです。本当に断片的な語りしか聞けない。その人の人生のごく一部の切れ端、そのときにたまたま「ああ、こいつにしゃべってやろう」と思ってくれた、そのときの感情とか経験とか記憶の断片を、いただくだけです。でも、それでも十分面白いです。すごく勉強になる。「なるほどなあ」と思います。

先ほど言った丸山里美さんと石岡丈昇さんと私の三人でつくった『質的社会調査の方法――他者の合理性の理解社会学』（有斐閣）という教科書があります。石岡さんは社会学者ですが、マニラでボクサーになりました。マニラのスクオッターというスラム地域にあるいちばん最下層の、賭けボクサーと言われるところのジムに一年間寝泊まりして、自分もボクサーになった。過酷なロードワークや減量とか訓練をしても、将来成功する可能性なんて知れている。なぜそんなつらいことをやっているのだろう。これもちゃんと、理由があるのです。その理由を『ローカルボクサーと貧困世界――マニラのボクシングジムにみる身体文化』（世界思想社）に書き上げています。素晴らしい本です。

ふつうの人々の人生から社会を見たい

残らないのです、私たちの人生は。人生を残せるのは、豊臣秀吉とか織田信長とか、そういう権力者なのです。私は『マンゴーと手榴弾―生活史の理論―』（勁草書房）という本も書きました。これは沖縄戦の語りを中心に、もうちょっと分析哲学にも寄って、専門的な、理論的な、語りとは何かということを書いた本です。

こういう人の語り、一般の方の語りを集めるというのは、人類学や社会学や歴史学でけっこうやられていて、ある意味古典的な方法になっています。

私がいちばん影響を受けたのはスタッズ・タ－ケルというアメリカのジャーナリストです。五十歳を過ぎてから本を書いたらしい。何百人、何千人という人の聞き書きをした。いま手に入るのは、『死について』と『大恐慌』くらいかな。中学校と高校のときにめちゃくちゃはまりました。こんな分厚い本に、何百人という語りがただ載っているのです。何の注釈も、説明も解釈もしていない。編集はけっこう入っているのですが、この本が中学校のときにすごく好きでした。

昔『ポンプ』という雑誌があった。『ロッキング・オン』を創刊した橘川幸夫が趣味みたいな感じでつくった、ペラペラの薄い月刊誌でした。昭和の雑誌には読者投稿欄がありましたよね。『ポンプ』は表紙から裏表紙まで全部、読者投稿欄でした。パッとページを開くと、短いものから長いものまで、いっぱい人々の語りが載っている。今のツイッターみたいなものです。それを机の上にいっぱい開いて並べて、夜中にうっとりしている暗い中学生でした。もとからそういうものが好きなのです。

スタッズ・ターケルの本でいちばん好きなのは『人種問題』なのですが、これも絶版です。これもずっと語りが載っているだけの本です。編集されていて翻訳なので、もとの語りからはかなりずれていると思いますが、それでも十分リアルです。

あとこれは皆さんご存じだと思いますが、宮本常一『忘れられた日本人』(岩波書店)の「土佐源氏」。土佐源氏もけっこう創作が入っているらしいのですが、視覚障害の方の、壮絶な一人称の語りが載っています。こういうものがすごく好きです。

社会学では、中野卓という人が一九七〇年代の終わりに『口述の生活史—ある女の愛と呪いの日本近代—』(御茶の水書房)という本を出しました。日本の社会学で、生活史が根づいたきっかけになった本です。これも非常な名著です。似田貝香門さんとかと「こんなものは社会学ではない、こんなものは小説だ」と大論争になった本です。これも絶版になっていて。中野卓先生はだいぶ前にお亡くなりました。

どういう本かというと中野卓がフィールドワーク調査のときに、たまたま「奥のオバァ」という、岡山県倉敷市南部にある水島コンビナートの横の、小さい漁村に住んでいるおばあちゃんに出会う。その人が希有な語り手だったらしいのです。メインの調査そっちのけで、中野卓が当時の大きなテープレコーダーを担いで東京から水島コンビナートまで何回も通って、何時間も聞き取りをして、聞いたそのままを起こした本です。文体がものすごく読みづらいのですが、日本の民衆史の一大叙事詩のような感じです。

彼らに憧れて二〇一四年に、二冊目の本として『街の人生』(勁草書房)という本を出しました。これはつい最近七刷になりました。いまではよく読まれていますが、それにしても勁草書房という学術出版社が当時これをよく出したなと思います。だって語りが並んでいるだけの本ですよ。

『街の人生』は私がたまたま趣味的に集めたり、大学のゼミ生が集めたりしたインタビューで、ものすごく面白いものがたくさんあって、自費出版で出そうと思っていたのです。自腹で出そうと思って、自分でデザインまでした。私、実はほかの自分の本も、ほとんど全部自分でデザインしてるんですけどね。

たまたま「こんなネタがあるねん」と編集者に言ったら、「それ自費じゃなくて、ぜひうちで出してください」と、その場で言ってくれた。実際は社内で企画を通すのがすごく大変だったみたいですが。

たった五名のインタビューです。南米から来たゲイの成年、摂食障害の当事者、いわゆる「ニューハーフ」のトランス女性、シングルマザーの風俗嬢の人、元ホームレスのおじいちゃんの五名がただ並んでいるだけです。これは一切編集していない。編集していないという体で実はけっこう編集している、ように見えて、本当に無編集なのです。聞き手の発言は多少圧縮しているけれども、語り手はほとんどいじっていない。ちょっと入れ替えたところがあるぐらい。「あー」とか「えー」とかもだいぶ入っています。

『街の人生』が出てから何冊か同じような企画の本が出たのですが、だいたい聞き手の質問は語り手の方に入れ込んでしまう。語り手がいきなり「私の名前ですか。山田太郎です。年ですか。五十二です」とか、そんなこと言うわけない。それは「お名前は」と聞かれて答えているのに、入れ込んでしまう。『街の人生』は聞き手が全部入っています。語られている語りもそのままです。

風俗嬢の方は北のほうのある街に住んでいて、名前もお顔も全然知らないのですが、私の教え子で風俗嬢をやっていた子がいて、紹介してもらって電話で聞いたのです。固定電話に盗聴装置みたいなものを付けて、ICレコーダーにつなげて録音しました。

こういう論文を書くときは、本人チェックを事前に必ずやってもらうのですが、これはやっていないのです。「できないけど、いいですか」と聞いたら「もうなんでもいいです、使ってください」と。「電話だから全部言えたんです。だから自由に使ってください」と言われた。「あはは」も全部入っています。聞き取りというより会話です。それだけの本ですが、読み継がれている。やはり、感動する話がいっぱいあるのです。第二弾も出す予定です。

権力者の語りは放っておいても残るので、ふつうの人々の人生から社会全体を見たい。これは沖縄でもそうだし、大阪でもそうです。やはり歴史に残らないふつうの人々、自分も含めて、本当に身近にいる人。身近にマイノリティの方はいっぱいいる。いなさそうでいるのです、それをひっくるめて、私は生活史的センスと言っています。

書く場所と生活史図書館

やっと最初の問題提起に戻ります。書くということをやりたい。読む場をつくるのももちろん大事だけれども、私が今やりたいと思っているのは、書くプラットホーム、書く場所をつくることです。

まちライブラリーさんと、未定ですが、何か一緒にお仕事をして、東京の生活史でやっているみたいに、聞き手を募集して、ゼミみたいな感じで生活史を聞いて、毎年本を出してみたい。

ちょっとツイッターでつぶやいたら、出版社三社からすぐオファーが来て、「うちでやってくれ」と言われた。すぐ現実化は可能ですが、自分の体力が限界で、なかなかすぐにはできないのですが。

だから、書くことをやってほしいのです、もっとみんなに。聞いて書く。自分史というジャンルのものがありますが、実はあれは、誰でも書けるわけではない。

沖縄で話を聞いた方から、すごく喜ばれたのです。沖縄のおじいちゃんおばあちゃんは、戦争も体験しているし、みんな自分史を書きたい。しかし書くというのは特殊技能ですから、実は相当難しいんです。だから報告書が自分史の代わりになったと喜ばれました。「お金を払うからもっと本をください」とまで言われました。感激して、もちろん無料で二十冊ぐらい送ったら、地域の公民館に置いてくれました。

イチから文章を考えて書く自分史と違って、「人の話を聞いて文字起こしをして編集して書く」ということは、ある程度は誰でもできるし、しゃべるのも、聞いてくれる人がいたら誰でもできるわけです。市民がもっとみんなでお互いに聞き合って、お互いに書き合ったものを印刷して製本して、別に商業出版に載せなくても、そういうものを集めたライブラリーみたいなものがあったらいいなというのが、私の小さいときからの夢です。何万人、何十万人という生活史が収まっている生活史図書館。誰も読めませんけど（笑）。長いですからね、生活史は。

大阪で社会人向けの講座をやったことがありました。三年やったのですが、男女半々のいろいろな年代の人が来て、めちゃくちゃ面白い生活史をいっぱい聞いてくれた。あれの続きをやりたいなといつも思っています。

これは一年目でちょっと失敗したのです。趣旨が伝わらなかった。大阪の生活史といって「みんな自分で聞いて書くんだよ」と最初に言ったはずなのですが、歴史好きのご高齢の男性がけっこういて、やはり豊臣秀吉の話とかを期待して来られていた。それが「いや、お互いに聞いてもらいます」と言ったら、四分の一ぐらいがその場で帰ってしまった。でも、半分ぐらいは最後まで残ってくれて、そのひとたちが聞いてきた生活史は、すごく面白かった。

そのとき私は来ていたおじいちゃんから「ふつうの人の人生を残して何の価値があるんですか」と、真顔で言われたんですよ。本当に、例えば「隣のたばこ屋のおばあちゃんの人生」とかは、残す価値がないと思っている人が多いのです。

その辺も自信のなさとつながっているのかなと思います。大阪は本当に素晴らしい。ひとりひとりが本みたいだと思います。ひとりひとりが大阪史、ひとりひとりが大阪文化、ひとりひとりが、まだ書かれていない本なのです。お互いに聞いて書けばいいのに……。もったいない、と思います。

今後、ひょっとしたらまちライブラリーさんとも提携して、本当に始まるかもしれません。ただ、もう今回、四百八十人東京で集まってしまったので、もしこの次は大阪でやるんだったら、十人、二十人ぐらいの小さなゼミで、十年間毎年一冊ずつ出すとか、こぢんまりと息長くやりたいと思っています。

別に私がいなくてもできることなので、町内会とかサークルとかボランティアとかNPOとか学校とか地域で、やってほしいと思います。やり方は全部教科書に書いています。来年ぐらいにはちくま新書から、社会人が自分たちでオーラルヒストリー、ライフヒストリーを聞いて報告書に残すまで、冊子に残すまでの印刷の仕方とかトータルのマニュアルを新書で出す計画もあります。私が夢見ているのは、市民が自分たちで書く、お互いの物語を書くということが広がったらいいなということです。

3　外に開く公共図書館

吉成信夫
みんなの森　ぎふメディアコスモス総合プロデューサー（元岐阜市立図書館長）

私が館長になって、ぎふメディアコスモスが開館して五年が過ぎました。二〇一五年のマイクロ・ライブラリーサミットでお話をしたときは、開館してまだ二カ月くらいの頃でした。あのドタバタの中で申し上げたことと、六年目に入った現在と、ほぼ方向性を変えることなく進んでこられたことは本当に嬉しく思います。

図書館とまちをつなげようという思いで民間から図書館長公募に手を挙げたのですが、そのきっかけは本当に偶然のような話でした。私は岩手県内に二十年おりまして、3・11（東日本大震災）のあと、いろいろな形で子どもの支援活動に携わってきました。ある日、礒井純充さんもよく知っている「風の電話」(注1)の佐々木格・祐子さんご夫妻が、本を持って僕のところまで車で三時間以上かけて突然訪ねていらした。「この本は吉成さんにあげるべきと思って持ってきた」とおっしゃって。そのときにもらった本が『マイクロ・ライブラリー図鑑』（まちライブラリー文庫）だったんです。つまり、図書館とのつながりのいちばん初めがこの本です。これを見た瞬間に、被災地での暮らしと本をつなぐことが、まちライブラリーをつくればできるんじゃないかと思った。それまで意識して考えたこともなかったのに。そこが図書館長になろうという原点だったので、この本はいわば僕のバイブルみたいなものなのです。

お互い様の気持ちを持ち寄る図書館

ぎふメディアコスモスは建築家の伊東豊雄さんの設計による建物です。非常に面積が広いのですが、二階が図書館、一階は中央部分に図書館、その周囲に市民活動交流センター、多文化交流プラザ、ギャラリーなどが併設された複合文化施設です。

開館当初から、「子どもの声は未来の声」をいちばん大切なメッセージとして掲げています。

「私たちの図書館では、本を通じて子どもたちの豊かな未来へとつながる道を応援したいと考えています。就学前のお子様から小中学、高校に至るまで、子どもたちの育ちを末永く見守る場所でありたいと思うのです。だから、私たちは館内で小さなお子さまが少しざわわしていたとしても、微笑ましく親御さんたちといっしょに見守ります。来館されたみなさまも、どうぞそのような考え方をもった図書館だとご理解いただければありがたいです。そして、小さなお子さまのお父さま、お母さまにもお願いです。ここは公共の場所です。遊び場、運動場ではありませんので、公共の場所でのマナーをお子さまに教えていただく場としてもご活用いただければ幸いです。みんなでお互い様の気持ちを持ち寄る場所にしていきましょう」

と書きました。広々としたオープンな図書館で声も丸聞こえになりますので、初めからお互い様の気持ちでやっていくラインを何とかしてつくっていこうと考えて書いたというのが、もともとの始まりでした。

「グローブ」という巨大な電灯の傘みたいなものが図書館内に十一個あります。その中に「親子のグローブ」という非常に気持ちのいいスペースがあります。新型コロナウイルスの影響で残念ながらまだ再開できておりませんが、通常であればいつもベビーカーがたくさん来ています。子どもはうとうと眠っていて絵本も読んでいないかもしれませんけれども、いずれ本と出会うときがくるかもしれないので、そういう環境として非常に大事にしている場所です。この場所で絵本の読み聞かせ会もします。広がりのある場所で声も全部丸聞こえなので、なんか面白そうだなと思うと後ろのほうに大人たちもだんだん集まってくるんですね。私たちが読んでいて「ちょっと……どうかな」と思うと、サーッと人も去っていくみたいな、そういうものがよく見える場所でもあるわけです。

「わんこカート」という絵本を運ぶ犬のぬいぐるみのような特注製作したリヤカーがあります。

車輪がついていて背中がパカッと開いて本が五十冊ほど入るようになっています。これに本を積んで学校に読み聞かせに行く。今は活動を休止しておりますけれども、これまでは私も司書たちと読み聞かせに市内の小学校をずっと回っていました。

ぎふメディアコスモス中央図書館の提供サービスは、四つの係で構成されています。通常、一般的な図書館では、児童の係と大人の本を扱う係と、レファレンス係の三つだと思うのですが、もう一つ、事業係を設けていて、そこが広く新規事業を行う別動隊になっています。これまで図書館ではやらなかったことを次々にやる。外に出かけていく活動も事業係が主になってやっていく。もちろん活動内容は全体で共有をしながら、「これは児童係も一緒に行ったほうがいいよね」ということがあれば、児童係も入るというやり方をします。この係と私が主体となって外と館内での新たな取り組みのための実験に動いて、館内固めはほかの三つの係がやるという感じです。

市民とつくる図書館

私たちの図書館では、オープンを機に「市民と創る、市民が創る空間である」という方針で新たな活動を始めました。図書館の司書だけが本棚をつくるのではなく、市民も本棚をつくる。そこを通して司書も市民も自分を語る、対話を繰り返して図書館をつくる。これはマイクロ・

ライブラリーの考え方に通じる部分だと思っています。

二〇一五年七月にオープンしたときには、「みんなのライブラリー」という本の展示スペースをいちばんいい場所に用意しました。普通こういうスペースでは作家展などをやるものなのかもしれませんが、いちばん大切な場所を市民のために空けようと考えました。市民の皆さん、ボランティアの皆さんが自分の読みたい本、自分の紹介したい本を持ち寄って、カードを書くという、まちライブラリーのやり方をうまく真似させていただきました。

「おいてみま書架」というネーミングは大学生がつけてくれた名前です。語呂合わせで「置いてみましょうね」という意味です。やっている間にだんだん市民が本と出会って、本を薦め合う場所へとなってきました。新たなボランティアが生まれて、「並木道読書会」が誕生しました。「ブックブック交歓会」もボランティアの人たちがスタートして、ここをきっかけに一緒になってやる部分がけっこう増えてきました。

ボランティアの人たちも含めて私たちは図書館の担い手になるわけですが、新たな担い手を育成できないかと考えました。献身的な図書館ボランティアの方々はどこの図書館にもおられると思うのですが、そこから新たにスピンアウトする形で、市民が企画してゼロ予算で事業化するユニット「ぎふライブラリークラブ」も発足して、ボランティア活動が広がりながら多様な形で進んでいます。

本が人とまちをつないでいくという事例も申し上げたいと思います。図書館がスタートした当初から「本が人とまちをつないでいくんだ」という思いが私の中にありました。図書館はどうやってまちに近づいていけるのか。まちから近づいてくる流れは引き受けたいし、両方の流れを大切にしたい。そういう思いで、オープン一年目から司書たちと考えながらやってきたことの一つの成果がお店MAPです。

ぎふメディアコスモスには毎年全国から三百くらいの団体が視察に訪れます。その際、「せっかく来たのでお土産買いたいんだけど」とか、「お茶飲みたいんだけど、どこかいいところないですかね」とかおっしゃる方もいます。私がいるときは教えるのですが、いないときもあります。そこで「こちらのお店を紹介してもいいですか」とスタッフみんなで一軒一軒説得して回り、デザインができる司書がそれを地図にして館内に置いたら、一週間で何十枚も持っていかれるほどの人気になりました。いまだにこれが活きています。そうすると今度は紹介したお店がMAPを壁に貼ってくれるようになりました。もちろんお店の選択は市民アンケートの結果から決めます。「図書館とこんなふうに関係するなんてと思わなかった」とか「図書館から取材に来たから、うちも参加させてくれ」という話にもなったりして、お互いに門戸をたたきながら、関係がだんだんできていきました。

そこから「まちなかの小さな図書館　ぎふまちライブラリー」が生まれました。図書館から歩いて行ける老舗店の若旦那たちから「図書館には年間百二十万人も来館者があるのに僕らの店にはなかなか人が来てくれない。館長、何か一緒にやれることはないだろうか」と相談を持

子ども司書はこれまでに110名誕生。FMラジオ番組も毎月製作。

ちかけられ、毎月一回、仕事が終わった夜に図書館に集まって一緒に考えて、お店を使ったライブラリーが新設されたのです。今は十軒になって、お寺さんやパン屋さん、ＣＤショップなど、いろいろな人たちがライブラリーをやるだけではなくて、一緒に交流し、図書館のトークイベントにも参加してくれています。なんと二軒のお店で別々にライブラリーをやっていた方々が結婚されて、お子さんが生まれたりしました。二年目ぐらいからは自分たちがリーダーみたいになって、読書会などのいろいろな活動も始まりました。これらは市民が自主的にやっている活動ですので、私たちは後方支援です。

　また、「まちライブラリアン」という名前で、養成講座を受けた人たちにお墨付きを出しています。「あとは好きにやってね」とお任せし、その人たちが自由に活動を展開していくわけです。

市民協働という観点からNPOと組んで、一年目から「おとなの夜学」という歴史の掘り起こし講座を始め、その模様は全部撮影してホームページから視聴できるアーカイブコーナーを設けました。テーマブックレットを製作するなど実績を重ねて、今では当館を代表する人気の看板講座にまで育っています。図書館ブランディングみたいな形で本を入れるバッグやマグカップなどを販売する動きにもつながっていきました。

「子ども司書制度」もつくりました。この講座を修了した子どもたちが、さらに翌年からも図書館との関係を継続できるようにラジオ番組づくりを行う「小さな司書のラジオ局」ができました。毎月一回の放送を四年近く続けています。いちばん初めの頃から通っていた子どもたちは、中学三年生になりました。六期生まで総勢百名の子ども司書を送り出して来ました。子どもたちがお互いを育て合っていく。本がある環境の中で生まれた結びつきが今も続いているのです。

市長部局だからできることも

私自身の図書館長としての仕事はこの三月で終わり、今はぎふメディアコスモス全体を総括する総合プロデューサーになっています。今年度から岐阜市は部署の組織の再編が行われました。これまでは図書館は教育委員会で管轄し、一階の市民活動交流センターなどの部署は市長部局でした。やはり別々だとなかなか風通しが良いとはいかないところがあって、備品一つの貸し借りも難しい。それがやっと統一されて、私が全体のプロデューサーに就任し、少しずつですがやりやすくなって来たと言えるかもしれません。部署を横断してチームをつくって、広報的なユーチューブチャンネル「みんなの森　ぎふメディアコスモス公式チャンネル」のコンテンツを一カ月に二本を目標にスタートし、ゼロ予算で企画製作しています。楽しみながら広報紙の創刊準備号もつくっています。どちらもすべて職員の手づくりです。

岐阜市には柳ヶ瀬という一大商店街があります。かつて活況を呈していた頃の面影は影をひそめてしまいましたが、再開発ビルや店舗のリノベーションが生まれ、今、民も官も協力して活発な取り組みが始まっています。だんだん機が熟してきていて、七月にＣＩＮＥＸ（映画館）で『パブリック 図書館の奇跡』が上映されたときには、期間中、図書館から関連本を持ち込むことができました。ブックカフェもありますし、店舗のリノベーションを企画するときに本をディスプレイするというテーマも生まれています。開館以来ずっと言い続けてきたことが今やっとお互いに少しずつ歩み寄ってきて、商店街さんとの接点が具体的に生まれ始めています。秋には柳ヶ瀬に隣接する公園で、図書館の本を屋外で読める空間が一カ月間の実験ですが実現できると思います。いろいろなところで少しずつ本がある風景が実現してきて、本は人をつなぐ上でいいものだなぁということが感じられます。

今図書館の目の前に新庁舎を建設中で、来年の五月には出来上がりますので、まちの行政拠点が全部ここに集結されます。柳ヶ瀬、それから岐阜駅も含めてどうやって民と官が力を合わせながら、つなげていけるのかというところにもちょうど来ています。ぎふメディアコスモスとの交流、協力関係、提携関係がテーマの一つに入っています。どうやったら本がある景色がこれから先広がっていくのかみたいなことも、一緒に模索しています。

(注2)

文化装置としての図書館

先に述べたマイクロ・ライブラリーサミットのシンポジウムでも、図書館とまちづくりを掛け合わせていくと、本が人とまちをつないで、きっとまちの中に見えない道が新しくつくられていくはずという図書館の動的なイメージの広がりについて、お話しさせてもらいました。これはハードとしての道ではなくて、ソフトとしての道であり、まちの文化装置としての図書館の姿について言及したものです。

もちろんその道はすんなりとできたわけではありません。私が館長として赴任した日の朝礼の光景は忘れもしません。司書たちの表情はほぼみんな固まりました。誰も笑わない。能面状態、フリーズという感じでした。「何を言っているんだ、このおっさんは」みたいな感じだったんじゃないかな、誰も言いませんでしたけどね。楽しみながらやっていく中で、利用者の皆さんの反応がどんどん見えてきますから、そうした手ごたえの中で職員もみんな楽しくなって来たのだと思います。この五年はそういう試行錯誤の積み重ねともいえます。

例えば、絵本を読むとか、全部司書たちと館長が一緒にやるわけです。一緒にチームを組んで、みんなで子どもの中へ入っていって、どうだったかとか、子どもたちはどういうふうに変化したんだろうかと、その場もその後も振り返りを共有する。そういうことをかなりしつこくやり続けてきました。お互いにこういうところで喜び合っているとか、こういうところで共感できるよねという、企画の細部をすべてつないできたという自負が私にも職員にもあると思います。

「ぎふまちライブラリー」の皆さんの存在も大きいです。たった十軒ですけれども、皆さんやめずに、ずっと続けています。すごく地道なんです。一気に何かやってやろうという感じではないけど、ずっと続けているところがすごい。

彼らも初めは「人が来てくれたらいいな」くらいの軽い気持ちだったかもしれないけれども、やってくうちに図書館で開催する本のイベントでも、自分がテーマごとに参加者を集めるグループの責任者となって人を集めて、本を持ってきてもらって、語り合う。そうすると、思いもかけなかった本が集まってくる。人との交流や触れ合いに新しい発見があるということが実感としてわかってきた。だから人と触れ合うことで私も変わるし、ライブラリーの皆さんも変わってきたように思います。

1階に設置された「まちライブラリー@メディコス」

文化の道みたいなものが、初めは見えないけれども、人のつながりという点が線になっていくと、毛細血管のように広がっていく。それがまちライブラリーとイメージとして非常に似ているところであるし、公共図書館でもそういう形で市民の人たちと一緒になりながら、そういうものを張り巡らせていくことができるのではないか。今、その途上にあると実感しています。

　図書館はただ本を貸しているだけの場所ではないということです。「関係人口」という言い方がありますが、関係性の厚みを質量共に増やしていくきっかけが、岐阜の中では、たまたま本だったかもしれない。ものを考えてそれを言葉にしたり表現したりする人たちをどれだけ広げることができるか。がっちりした知識のヒエラルキーからはみ出ている人たちも含めて、すくい取りたい。私もカウンターカルチャーを自認する一人ですので（笑）。

今までの図書館のセオリーだけではそこはすくい取れないのではないか。「俺、スポーツやっているからいいです（間に合っています）」とか、いろいろな人がいると思う。そういう人たちも実は偏見なしに、本があることで語ることが気安くなるとか、ちょっと自分がしゃべってみたくなるような関係性をどれだけ増やせるかということに取り組んでいるのです。

図書館の今とこれから

電子図書については、遅まきながら事業としては今年三月にスタートします。私は電子図書がある一定の力を得ていくとは思っていますが、今日のように礒井純充さんと私が直接の対面で身振り手振りも交えて対談している重要性も説いていきたいのです。画面同士でやっているとこういう話にはならないわけです。ここに人がいて、この空気感の中で生まれてくる言葉というのが非常に大事なものでもあると思います。本をめぐる感じも含めて、素手というか、人が相対してできたものは残ると思うし、これからの時代には逆に必要となるでしょう。

「読書離れ」が問題視されていますが、私はあまり危機感を持ってはいません。本というものは、そのコンテンツを読み込むまでに一定の時間が必要です。ある深さの中まで入らなきゃならない、待たなきゃいけない。そこが動画と違う。動画のスピード感でしか表せないものもあるでしょう。けれども読書の深さの中に浸りながら、自問自答を繰り返しながら読み込んでいく速度も、逆に人がなくしてはいけないものだと思っています。

公共施設という観点から今考えていることは、動画などのコンテンツも含めて、いろいろな人たちが過去を含めた歴史や文化の深みの上に未来へとつながる情報をここで目に見えるような形で得られる、シビックプライド（その地域に対する誇り）センター構想です。そこにいちばん必要なのは、市民も行政もみんなで情報の編集を一緒に行うセンター、情報の市民編集学校です。その担い手を育てていきたい。それはデジタルアーカイブ機能を持つ図書館がやってもいいし、ぎふメディアコスモスの別の部門がやってもいいと思いますが、複合文化施設としてそういう場所を持つことが大事なのではないかと考えています。

シビックプライドについては、岐阜市長の柴橋正直さんが、いろいろな人たちがそれぞれのシビックプライドを意識しながら、市民協働でまちというものをもう一回意識し直そうということをずっとおっしゃっています。そこにぎふメディアコスモスが、図書館もそうなのですが、寄与できることはあるのではないかと思っています。

まちづくりと言ったときに大きなハコモノをどうするかということ以上に、衣食住と理念なり哲学なりを含めた幸せな生活のスタイルみたいなものが大切だと思います。本のある世界というのは、人の日常に近いものなのではないか。生活を変えていくことを考える中で本は大事な役割を担えます。全員が全員というわけにはいかないけれども、そういう回路を私も含めてみんながどういうふうに自分なりにいろいろ気づきながらつくっていくか。どういうところに本を置いたら生活スタイルやリズムが変化するのか。そういうことをイメージできる図書館を目指したいのです。

小さな観光としてのブックツーリズム

岐阜での生活は、私はまだ六年目に過ぎないのですが、それでもやっぱり文化的な地層のようなものを剥がしていくと、ここの風土、歴史がどんどん出てきます。過去を掘り起こしながら未来を構想して両方をつなげていく作業をするためには、普通の生活史みたいなものの再発見が必要だと思います。和傘をつくってきた歴史や、長良川が木材の集積地であり、そうした環境下で賑わいや物流、芝居小屋が生まれたことなどの歴史の奥行きや厚みをわかりながら、この先を構想するためには、本や資料、人の話など、「記憶バンク」みたいな機能が必要かもしれません。

図書館なのか、歴史博物館の役割なのかよくわかりませんが、関連部署が連携しながら今から動き出していくために、そういう情報を集める場所、目に見える形で情報集積した場所が必要だと思います。その土地の生活史みたいなものは意外に外には見えないし、データベースの中に隠れてしまうとマニアックな人しか引き出せない。それをどう生き生きと見えるようにするかというのは難しい作業です。ブックツーリズムとは、ひょっとすると、そういうことと関連したツーリズムではないか。自分の内に小さな光を見る。本来の意味での観光です。そういう新たな道がつくれないかと思っています。

私は岩手県内でエコスクール「森と風のがっこう」を運営していたときに、地元学と名づけられたフィールドワークをやっていました。地元の人に地元のことを聞くという作業を繰り返し、集落でやったのです。私よりちょっと上の世代の人たちに、出稼ぎでどんどんお父さんたちがいなくなってしまう中で、お母さんと子どもたちがどうやって家庭を守ってきたのかということを作文にして発表してもらう会を長年続けていました。

そのお話の録音テープを聞いたときに、いわゆる大学を出ているとか、そういう学歴や教養の問題ではなくて、経済的に貧しかったということもあるかもしれないけど、暮らしの中に哲学があるというのを本当にまざまざと感じさせてもらった、その経験が忘れられません。

そういうところに戻らなければいけない。本来、戻りながら先を見ないといけないのですが、とかく先へ先へと急いで行ってしまう。過去と現在と未来をつなげて見る役割をまちの中で持つのは、図書館だと私は思う。そういう考え方はメジャーになるかどうかわかりませんけれど、きちんとそこをつくっておきたいと思うのです。

私の住むまちでも、風景は変わり失われていく建物もある中で、コミュニティの脆弱化や人々の暮らしの記憶の風化が進んでいます。図書館は本の貸し出しをするだけの施設ではありません。本や古書、絵地図、写真、録音などを通して文化的な資産をアーカイブする情報空間でもあります。これらを活かして地域社会をより豊かなものにするためにできることを、今こそ具体的に提示する必要があると考えています。

（注1）岩手県上閉伊郡大槌町の佐々木格さんがつくった「ベルガーディア鯨山」内に置かれた電話線のつながっていない私設電話ボックス。来訪者は電話で亡き人に語りかけたり、ノートに思いを記載したりできる。

（注2）岐阜市役所の新庁舎は二〇二一年五月六日にオープンした。

4 私がつくる公共「みんなの図書館さんかく」

土《ど》肥《ひ》潤也
みんなの図書館さんかく館長
一般社団法人トリナス代表理事
ＮＰＯ法人わかもののまち代表理事

僕は、「トリナス」と「わかもののまち」の二つの法人の代表をしており、自分自身を「コミュニティファシリテーター」と名乗っています。いわゆるファシリテーション、会議や組織開発、ワークショップのファシリテーターとして仕事をしていますが、会議とか話し合いの場を超えて、もっと広い意味でのファシリテーションに取り組めないかと考え、一昨年くらいからコミュニティファシリテーションという言葉を自分の中でつくりだしています。

まちづくりとのかかわり

静岡市を中心に「わかもののまちづくり」を掲げ、大学三年生の頃に「ＮＰＯ法人わかもののまち」を立ち上げました。当時の静岡では、人口減少が大きな課題になっていて、二〇一三年、二〇一四年と二年連続で、静岡県の人口減少率がワースト二位だったこともありました。

若者たちの声をまちが聞かないから若者が流出していくのではないかと思い、若者の声を二千人分くらい集めて市長のところに持っていく提言活動をしました。この提言を受けて、静岡市の総合戦略にわかもののまち推進事業が盛り込まれることになって、その事業を外部団体に委託することになったため、その受け皿としてＮＰＯを設立することになりました。さらに、静岡市での活動を見て、自分の地元である焼津市でも、わかもののまちづくりをやりたいという話が出てきました。

焼津市は3・11以降に人口が大きく減っています。というのも、焼津は港町ですから、特に海岸部は津波の危険があるといわれて、若い世帯が流出していく傾向がありました。若者たちの流出を止めるためには、早い段階からまちに関わってもらうようにしなければならない。若者の意見をまちづくりに取り入れたり、若者がまちに愛着を持ったり、地域に関わるきっかけとして、中高生世代の放課後の拠点をつくることになりました。こうして大学四年生の頃に、僕は若者地域交流拠点「若者ぷらっとホームやいぱる」という居場所施設を運営することになりました。焼津駅前通り商店街の「みんなの図書館さんかく」（以下「さんかく」）より、駅側に歩いて一分くらいのところに位置しています。この施設を三、四年運営する中で、地域の方とのつながりや商店街の方との関わりが出てきたことも、商店街で「さんかく」を始めるきっかけになっています。

これは余談ですが、僕は一九九五年一月十七日、阪神・淡路大震災の日に生まれています。大きな震災の日に生まれたからか、子どもの頃から、防災とか、まちづくりへの意識はあって、それが地元への愛着とか、危機感につながっていると感じたりもします。

私がつくる公共の社会実験

「さんかく」は「私がつくる公共の社会実験」を掲げています。これまでは、若者のまちづくり参加の活動に取り組んでいましたが、どうも若者だけではなく、大人もあまり社会参加や地域参加をしていないし、まちの中で自分の思いを形にする機会がないと感じていました。また、商店街の一つの拠点を運営してみると、やはり一つだけでは限界があって、まち全体にアプローチする方法も模索していました。そこで、若者だけでなくて、もっと幅広い世代と関われるような拠点がつくれないかと考えました。

「私がつくる公共の社会実験」とは、スポンジ化する都市の「私」がつくる「公共空間」を理念にしています。都市のスポンジ化は、東京都立大学の饗庭《あいば》伸《しん》先生が提唱した概念で、都市の人口が減ったら、まちが縮小し、コンパクトシティ化が都合よく進むわけではないという論です。饗庭先生は、人口が減っていく都市はスポンジみたいに穴あきの土地ができてきて、空白地帯みたいな、空き家とか空き地がぼこぼこできてくることを指摘されています。この穴あき

みんなの図書館さんかく

になったスポンジの穴を埋めていく取り組みがこれから必要になります。

もちろん、行政が空き家や空き物件をリノベーションして再利用する取り組みもあると思いますが、僕は民間や市民が主体となって取り組んでいくことが大事なのではないかと考えています。

また、最近のリノベーションまちづくりの流れを見ていると、稼ぐまちづくりがトレンドだったりしています。もちろんそれも大事ですが、そうすると、どうしても商業施設をどんどんつくっていく感じになってしまう。そういうやり方ではなく、地域のコミュニティのような公共性のあるものに、市民が中心となって取り組んでいくことができないかと思ったのです。人口がどんどん減っていくと、税収も減るので、図書館や公民館など、今まで当たり前だった公共サービスが当たり前ではなくなる時代を僕らは迎えようとしています。それを市民の手で運営していくことができないか。その社会実験として何か取り組もうと考えているときに、図書館がピンときたわけです。

本音としては、自分自身、単純に本が好きで、家族からも「本棚があふれているからどうにかしてくれ」と常日頃、注意されていたので、どこかを借りてシェア本棚ができたら面白いなと思ったのも理由の一つです。

まちライブラリーとの出会い

まちライブラリーに登録したのは、仕事や旅行でたびたびドイツを訪れた際に市役所の前とか、まちの中に野外本棚のようなものを見たのがきっかけでした。ドイツの本棚では、一冊取ったら一冊置いて、という仕組みになっていて、こんな簡単な仕組みで本を使ったコミュニティができていることに興味をそそられました。日本に帰ってきて、本を使ったコミュニティづくりについていろいろ調べていたら、礒井純充さんの本に出会いました。本を読んでホームページで調べたら、まちライブラリーの全国リストが出てきたので、すぐに「静岡県」を検索しました。そうしたら静岡県の東部、伊豆方面には登録があったのですが、中部地区には登録がなくて、今やれば中部で最初の登録になるなと思って、計画を具体化させていきました。

計画を考え始めてから、まず商店街で物件を探し始めました。商店街では、シャッターが閉まっていても二階や屋内に住んでいたりするので、物件探しには苦労しました。現在、借りている場所も、大家さんが隣接する建物に住んでいて、当初は難色を示していました。しかし、私が商店街でいろいろな活動をしていたこともあって、地元の自治会長さんが「若い人の挑戦を応援してやってくれ」と大家さんに頼んでくださったこともあり、空いていた店舗を借りることができました。

オーナーの棚

「さんかく」の大きな特徴は、自分だけの本棚を持つことができる「一箱本棚オーナー制度」です。稼ぐまちづくりはあまり好きではないみたいな話をしたのですが、それでも家賃や水道光熱費を払う必要があるので、最低限の稼ぎは必要です。いろいろやり方を考えて、本棚の一つひとつを月二千円でお貸しするオーナー制度を思いつきました。

去年の秋か冬頃に、まちライブラリーにメールをして、礒井さんに電話をしました。礒井さんから開口いちばんに言われたのは、「土肥さんはまちライブラリーに向いてないと思います」でした。会ったこともないのに、なんてストレートな人だと思いましたね。

そのときに「一箱本棚みたいな仕組みをやろうと思っているのだけど、どう思いますか」とアイデアをぶつけてみたんです。「正直、あまりうまくいっている地域がないですよ」と言われて、仕組みづくりには頭を悩ませました。

礒井さんが否定的な見解を示したのは、「最初は面白がって本棚は借りてくれるけれど、そのあと本の入れ替えや本棚のメンテナンスが継続されないケースが多いため」ということでした。

だったら、継続するような仕組みをつくれないかと考えて、工夫したのは決済の方法です。一カ月の棚代二千円を、毎月図書館まで持ってきてもらうことにしました。まとめ払いをする人もいますが、基本的には二千円を毎月「さんかく」に持って行かなければならない。そうすることで、本棚も気にかかるようになります。

今、オーナーさんが三十八人いらっしゃって、三十八人×二千円の収入があり、そこから家賃や水道光熱費などの必要経費は払えるようになりました。一冊置きの方がいらっしゃったり、けん玉の先生がけん玉を置いていたり、筆ペン教室の先生がこの場所で筆ペン教室も開講していたり、釣り教室の先生が釣りの本を置いていたり。それぞれ楽しく参加していただいています。

日常づくりの活動

僕は礒井さんからかなり影響を受けています。最初に礒井さんに言われてすごく大事だなと思ったのは、まちライブラリーは、日常づくりの活動だということです。「土肥さんは非日常の人間だから、まちライブラリーにとっては邪魔だと思う」みたいなことを言われて、そうかもしれないと納得しちゃったんです。僕がいるといろいろイベントを企画したり、すぐ一箱古本市をやろうとするのだけれど、日常的に利用している人たちは、そこに来て本を借りられるのかとか、そこでちょっとお話ができるのかといったことのほうが大事だと言われました。

僕には図書館をつくる前に、中高生施設の運営委託を四、五年してきた経験がありますし、実は中高生施設だけではなくて、焼津の市民活動交流センター、市民活動やまちづくり活動の中間支援施設の運営もやっていますので、箱物が得意というか、箱物の実績があったわけです。

ところが、今思うと、僕が中高生施設のスタッフとして入っている日は、ほかのスタッフから煙たがられていました。僕は施設のレイアウトを毎日のように変えたくなるタイプで、新しいことが起こらないと、「このままで本当にいいのか」と毎日スタッフに問いかけていましたから、いやなリーダーだっただろうなと思います。

中高生施設の経験から、僕が実質的にいなくなることが大事だと気づいて、それから「さんかく」も自分がいなくても回る仕組みにしました。

僕がもう一つ影響を受けたのは、西国分寺にある「クルミドコーヒー」というカフェでした。店主の影山知明さんには、一度、焼津で講演してもらう機会もつくりました。影山さんは「植物が育つようにゆっくり」と、よく言われています。これに刺激を受けて、「さんかく」も植物が育つように運営するよう努めています。根っこや大切にしたい最初の種は「さんかく」の価値観。それは譲らないものとして留めていくのだけれど、そこからどういうふうに枝葉が広がっていくか、育っていくかは、関わってくれる人たちの主体性に任せていくことが大切なのではないか。うまく育っていくように支援していくのが、僕の役割なのではないかと考えています。もちろんそこには具体的なアイデアとか施策があって、試行錯誤しながらここまで取り組んできました。ただ、開館してからまだ半年なので、今後どうなっていくのかはまだわかりません。

日常づくりができる人に関わってもらうために、今はお店番を持ち回りでやっていて、チャレンジショップのスペースも付けているので、チャレンジショップの方が店番に入ったりもしています。

チャレンジショップは毎週、曜日替わりで行っていて、火・水・木曜日は「しましまコーヒースタンド」というコーヒースタンドが入っています。土曜日は「アジアのお茶BAR」という紅茶とかお茶を出す方が入っています。なので、最低限、火・水・木・土曜日の四日間は、開館する仕組みになっています。チャレンジショップのスペースはほかの曜日は空いているので、そこを使わせてほしいという方もだんだん出てきて、一カ月から二カ月に一回くらいのペースで、出張プリン販売をやったりしています。オーナーさんの中にお茶屋さんがいて、「日曜日はチャレンジショップのスペースが空いているんですよね」と話したら、「じゃあ、僕が無料でお茶を振る舞います」と提案されて、おいしい緑茶を振る舞う会が始まったり、ベタですけど読書会をやったりとか、運営側が無理に企画しなくてもいろいろなことが始まっています。一箱本棚オーナーさんの中にここで筆ペン教室をやられている方がいて、筆ペン教室に「アジアのお茶BAR」のお姉さんが習いにきて、習った字でお店の看板をつくるみたいな動きも出てきています。

ほかにも、地元の本屋さんが本を売ってくれたら面白いなと思って、「焼津谷島屋コーナー」という、地元の書店の出張販売も始めました。数は少ないですが、「さんかく」で本の注文販売もできるようになっています。

実は僕は「さんかく」を立ち上げて、すぐ市民大学を立ち上げようと思って、いろいろなイベントの企画を用意していました。でも、礒井さんと話したことをきっかけに、それをぐっとこらえて、この半年は何もやらなかった。まず日常を大切にしようと思って、自分自身がお店番をすることがあっても、何か突飛なことをするのではなく、ただそこにいることを心がけています。それでもまわりからは「土肥くん、またなにか始めてる」と冷やかされたりしているのですが……。

もう一つ、図書館をつくるときに、立ち上げを手伝ってくれたのが「しましまコーヒースタンド」の三浦啓史さんです。三浦さんとは「さんかく」を立ち上げるときから議論を重ねてきました。三浦さんはデザイナーでもあるので、室内の設計にも関わってもらいました。三浦さんが週三日間、コーヒースタンドの店主としてここにいてくださるのは、「さんかく」の日常づくりにおいて最も大事なことだと思っています。三浦さんは、お客さんが多い日も少ない日も、ずっとコーヒースタンドを開けてくれています。これがないと「さんかく」の日常は成り立ちません。僕には絶対できないことですから、本当にありがたいです。

しましまコーヒースタンド

三浦さんは比較的キャラが濃い方なので、気づいたら、僕が知らないところでDIYをしていて、久しぶりに立ち寄ったら「さんかく」が進化してる！　みたいなこともあります。まわりの人からは「土肥さん、なんで三浦さんになにも言わないの、あなたが館長でしょう」と驚かれたりします。僕は三浦さんなくして「さんかく」はないと思っていてます。三浦さんの信頼を得るには三浦さんの言うことをまずひたすら聞くというのが最低条件だと考えています。とはいえ、僕自身も三浦さんと同じように、まわりの合意を得ずに突き進むこともあるのですが。

だんだんお店番をしたいという方も増えて、今はお店番グループもできました。そこに「今月、お店番できる人いますか?」と投げかけると、「私、お店番しますよ」と、何人か手を上げてくださいます。それでシフトを調整しながら運営をしていますので、開館日はちょっと不規則になっています。

利用者数は、コロナの影響もあって、平均人数は集計しづらいですが、一日最低十人くらいは来てくれるようになっていて、誰も来ない日はまったくありません。曜日別で見ると、土・日曜日が多いですが、平日でもある程度は来てくれるようになりました。

質の高い関係性

一箱本棚オーナーは、当初二十人の予定でした。気づけば、やりたがる人がどんどん出てきて、現在は三十八人います。経営としては、少しずつ利益も出るようになっていて、出た利益は初期投資の回収に回したり、新規事業のための貯蓄にもしています。最近は利用者の方に「この本ないんですか」と尋ねられたら、「じゃあ、うちで仕入れます」と図書館っぽく、リクエストに応えることも始めています。

三十八人のオーナーさんをどうやって集めたのかを聞かれることがあります。僕は組織論も専門の一つなので、ダニエル・キムさんの「成功する組織の循環モデル」を参考にしています。

この循環モデルは、関係の質、思考の質、行動の質、結果の質のサイクルになっていて、最終的に「さんかく」の中で起こしたいのは行動の質とか結果の質のところだと思います。例えば、来ている方々がコミュニティに対して貢献的だと、コミュニケーションがたくさん生まれます。そこでは積極的にお互いの活動を支援したり、新しいプロジェクトが生まれたり、新しい人と出会ったりする。それこそが目指すべき姿なのですが、ダニエル・キムさんはその前の関係の質が大事だと述べています。つまり、質が高い関係性があれば、行動とか結果の質に勝手に結びついていくということなんです。

では、関係の質とは何か。これは基本的なことですが、例えばいちばんは挨拶。声かけをすることから始まります。「ありがとう」と言い合えるかどうか、お互いを信じ受容し合っているかどうか。これを踏まえて考えると、自分自身がまずは挨拶をきちんとしなければいけないですし、来館者と会話を丁寧にしなければいけない。また、オーナーさん同士が仲良くなるように促す。そうした状況の中でお互いが感謝し合えるようになって、具体的な方法も次第にわかるようになってきました。

こうした背景もあって、オーナーさんを一気に増やしていくことはしませんでした。オーナーさん同士の関係を見つつ、本棚を少しずつ増やすようにして、今に至っています。ロジカルで人間味がないやり方と感じられる方もいるかもしれませんが、社会実験でもあるので戦略的にやってきた部分はあると思います。

口コミの力

「一箱本棚オーナー制度」は広報面でも良い形に働いています。つまり、自分一人からは限られた人にしか伝えられませんが、三十八人のオーナーさんが宣伝をしてくださるので、拡散力があがっていきます。

どうやって「さんかく」を知ってもらえるかというと、口コミがいちばん強い武器だと考えています。知り合いに紹介されると行ってみようかなと思うのは普通のこと。自分が口コミできるのは、自分の知り合いだけですが、もうちょっと広く考えると、オーナーさんや利用者の皆さんが、知り合いに紹介したくなる、知らぬ間に紹介してくださる場所を意識的につくっていこうとしています。

その一つのステップとして、まずは「さんかく」のオーナーになってもらうために、ここに来てもらう必要があって、やはり強いのは口コミです。「こんな面白い場所ができたよ」と、人に口コミしたり、SNSに投稿してくれると、それを見聞きした人は、「ふーん、そんな場所ができたんだ」という程度には記憶に残ります。僕はさらにいやらしく、マスメディアにも定期的に取り上げてもらうように仕向けています。最初は口コミで、次にマスメディアから情報を発信してもらうという二段階戦略です。知り合いからも聞いたし、テレビや新聞でも紹介されていたから「とりあえず行ってみようか」という、親しみやすいイメージが醸成されるわけです。そうすると初めての人でも、「○○さんの紹介で来たんですけど」と気後れせず入りやすくなりますし、「ああ、そうなんですか、ここが○○さんの棚なんです」というふうに自然に会話が生まれます。その横の棚が空いていたりすると、「じゃあ、私も借りてみようかな」という流れになるのです。

社会実験として取り組んでいるので、うまくいくケースと失敗するケースについて言語化したいと考えています。それを自分のＳＮＳやブログで定期的に発信するようにしているので、面白がってくれる人も出てきて、同じモデルの図書館をつくりたいという声も増えてきています。まだ始まったばかりの取り組みですが、共感してくれる人がいるのは本当に嬉しいことです。

5 「本」「人」「まち」「未来」へのメッセージ

森田秀之
株式会社マナビノタネ代表取締役

今日は「本と人とまち、未来へのつむぎ」をテーマに、「本」「人」「まち」「未来」について考えてみたいと思います。

「読書は食事と同じ」説、人は「『自分たち事』が増えると幸せになる」説、それから、まちは「大事なもの交換所」説、そして、未来については「現在のみ」説という話をしてみたいと思います。現在しかないということをもうちょっと言うと、過去とは〝今〟思い出す記憶です。自分が体験していない過去なら〝今現在〟の想像だと思いますし、未来は〝今現在〟からの結果だという意味で、すべて現在なのではないかという考え方です。先に「未来」の話をしてから、次に「本」「人」「まち」につなげていきたいと思います。

未来をつくるとは

私は図書館や博物館をつくるお手伝いをしてきました。今、開館のお手伝いをさせていただいています長岡市の「米百俵プレイス」（仮称）のコンセプトは「未来への問いをつくる」としました。その解説文の一節をご紹介します。

「未来とは、今この瞬間からどうなりたいのかという思いがつらなってできていく。今日、明日、来年、3年後、10年後は、私たちはどうなりたいのか。なぜそうなりたいのか。どうやったらそうなれるのか」

未来は誰かがつくっていく、つくられていくものではなく、一人ひとりが問うことが大事だと思っています。

「米百俵プレイス」は既存の図書館分館をリニューアルするのに合わせて計画されたのですが、今までにないような〝ある場所〟をつくるという点が、非常にまちライブラリーと似ています。何かというと、サロンです。真似したわけではないのですが、似てしまった。

公共施設なのでサロンも誰もが使える場所なのですが、ある関心やテーマで、熱く交流したい、活動したいという人が入る特別の場所にしようと考えました。図書館は自由な場所なので、「放っておいてくれ、そっとしておいてくれ」ということを当然尊重します。それとは別に、絡んでいく場所をあえてつくるということを、今準備しています。

もう一つお手伝いしている場所は、厚木市です。厚木市では、市役所、図書館、未来館の三つの施設を中心とした複合施設の整備事業のお手伝いをしています。二〇二六年度の供用開始を目指しています。まだ詳しくはお話しできないのですが、これらの施設をつなぐ関係性を創出するセンターも同時に備える予定です。ではこの三つを合わせた施設のコンセプトは何かということで考えたのが、「いい日々、いい時間」です。これだけなのです。こういう日が過ごせたらいいな、こういう時間が過ごせたらいいねということを思い描ける場所をつくれば、いい未来にどんどんつながっていくだろうと信じています。

名づけようもない大事なもの

次に「読書は食事と同じ」説です。私は、あまり小説を読みません。たぶん子どもの頃、親があまり本を読んでくれなかったというか、家にあまりそういう本がなかったものですから、図鑑とか百科事典のような、よりリアルなノンフィクションや伝記の方が親しみがありました。いまだに小説はあまり得意ではなくて、これはある意味で偏食だろうと思っています。小さなときからいろいろなものを食べていると、偏食はなくなるという気がします。

さらに、苦手なものを無理に食べさせられると嫌いになります。あるとき突然「おいしいな」と思う瞬間がある人もいるでしょうが、無理に食べさせるとかえって嫌いになるというのは、本も同じではないでしょうか。

それから、できればゆっくり食べたほうがいい。食べるときに「よく噛みなさい」と言われますけれども、私は遅読です。脳の癖もあるのかもしれませんが、一行読んで二行目を読むときに、また一行目のところを読んで二行目、三行目にいくという、三歩進んで二歩下がるみたいなことを本でよくやるのです。ゆっくり読むと身になっていくように感じます。滋味深いものを食べるときのように。

また、何度食べてもうまいものはうまい。私は、家にある本棚は分野で並べていません。「もう一度読みたいか」という分け方です。読んだ本がもう一度読みたくなりそうであれば別の棚に置いていくのですが、再度読んでみると、また読みたくなるかもしれない本があって、何度でも読みたい本がどんどん浮上していく。だから、自宅のいちばんいい棚には、何度でも読みたい、読むべきものがあるというようになっています。

「ブックツーリズム」が今回テーマの一つですが、実は私自身、二〇一〇年から二〇一五年にかけて、「本のまち・軽井沢」という催しを地域の本を愛する仲間たちと一緒にやらせていただきました。

私は軽井沢町の隣の御代田《みよた》町に住んでいるのですが、軽井沢に追分コロニーさんという古書店がありまして、店主の斎藤尚宏さんが、「ルデュをモデルにしたい。目指せ日本のルデュ！」

と旗を振って、軽井沢高原文庫さん、軽井沢絵本の森美術館さん、軽井沢朗読館さん、地元書店さんに声を掛けて始まりました。ルデュというのはベルギーにある古本屋がたくさんある小さな村で、本が好きな人たちが集まって、観光、まちづくりに本が活用され、盛り上がっていったところです。イギリスのヘイ・オン・ワイも有名ですが。

私はアドバイザーということで、プロジェクトマネジメントのお手伝いをしていました。ほかに地元の老舗古本屋のりんどう文庫さん、ＪＰＩＣ（出版文化産業振興財団）さんもアドバイザーになっていました。イベントもたくさん用意して六年間やりました。

やってみてわかったことは、本の偏食というのは僕に限らずみんなあって、やはり本はいろいろあるところから選びたいのではないかということです。ある分野の本だけを集めて「どうぞ」といってもなかなか難しい。しかも、本を押しつけられたくない。「本も」ある環境、つまり本と別の何かがある場所だと人は集まりやすいということもわかりました。そして、本を読む時間、余裕が必要なのです。観光地だと逆にゆっくりできないという人もいて、時間がある状態に本を置くことが大事だと感じました。

それから、滋味はすぐにはわからない。たとえば、「この味噌は自分たちでつくった大豆を使って、こんなふうにつくっているんです」と説明されると、「ああ」といってそのうま味を感じ始めるように、本も結構そういうところがある。

そんな中、「本のまち・軽井沢」の一環として、二〇一〇年から三年間、贅沢にも詩人でエッセイスト、児童文学作家の長田弘さんをお呼びして講演していただきました。その二年目の講演でこんな話をされたのです。本というのは書かれていることだけでなく、自分の中に何かを思い出させるものでもある。そして、それこそがいちばん大事なものなんだと、残念ながら歳をとってから初めて気づいたと。忘れていたはずなのに、読み返すと不思議とよみがえってくるものがある。ああこの言葉に自分は何かを、「Something」を受け取っていたんだと気づく。その「Something」、つまり名づけようもない大事なものがある場所として、自分の中に残る本があるし、またそれがないといけないんだろうと思うとおっしゃったんです。

私は長田さんのすぐ脇でビデオカメラを回していたのですが、このときにうなりました。「名づけようもない大事なもの」を思い出すことができるのが本。すごい。本の内容に共感するかしないかは二の次で、読み手が何を感じるかが重要だということ。長田さんは残念ながらお亡くなりになりましたが、このときに私は「大事なもの」という言葉を受け取り、ずっと心に残っています。自分自身が価値を感じるもの、たとえば思い出や美しい場所、憧れるモノ、大切な人、継いでいくべき技や夢や希望は、お金では買えない、とても価値のあるものです。ちなみに私は今、田んぼがとても大事なものの一つです。この話はまたあとでします。一つ目、本の話でした。

新しい「自分たち事」

二つ目、「人」です。「〝自分たち事〟が増えると幸せになる」説についてです。

私が図書館を含む公共施設の開館支援に初めて携わったのは、二〇〇一年に開館した、せんだいメディアテークでした。「日経アーキテクチュア」の投票で、平成を代表する建築の第一位になりました。非常に特徴的なのが、透け透けで、壁もないし、柱もスポーク状で向こう側が見えるという建物でした。

初代館長、それから市長にもなられてご勇退された奥山恵美子さんとお会いしたのは生涯学習課の課長時代でした。「森田さん、メディアテークは、役所の仕事をなくすためにつくるの」と言われて驚きました。今、役所では問い合わせ、つまり情報を聞きに来る市民の対応に追われてしまっている。本来助けなければいけない人のための仕事もできないし、将来どのようにしていくかという先のことを考えてやっていくべき仕事もできない。自らが情報を探し、判断していけるように市民一人ひとりの力を高めていく場所としてメディアテークをつくりたいとおっしゃったのです。僕はその言葉を聞いて、図書館のイメージが大きく変わりました。

現在の館長は哲学者の鷲田清一さんです。大阪大学の総長、京都市立芸術大学の学長をなさった方です。鷲田さんは以前から、みんなで一つのテーマに対して対話をしていく哲学カフェも取り組まれていて、メディアテークでも「てつがくカフェ」を始められ、スタッフによってずっと続けられています。

二〇一一年三月十一日に東日本大震災という大変なことが起こったわけですが、開館して十年が経っていました。「てつがくカフェ」のような対話をはじめ、いろいろな活動の拠点になっていたということもあって、震災の二カ月後には修復が必要なフロアを除いてサービスを再開し、「3がつ11にちをわすれないためにセンター」を立ち上げました。これは官民が一緒にやっていく理想的な取り組みで、公共施設が記録と発信で市民活動を支援するという考え方です。この活動は今もずっと続いています。

こういった場がつくられてきたきっかけの一つは、開館した翌年から一年間、渡辺保史さんという素敵な方が「共有のデザイン」というシリーズでゲストを呼んでトークセッションを行ったことでした。私も一度だけ聞きにいきましたが、メディアテークはISBN(図書コード)を持っており、このイベントの記録も『共有のデザインを考える—スタジオ・トークセッション記録』という簡易製本で出版されました。それによれば、一回目のときに、建築関係の大学研究室の助手の方からの「他人事というのはよくありますが、〝自分たち事〟の場所については、どのように考えていくべきなのでしょうか」という質問に、ゲストの働き方研究家の西村佳哲さん、そして渡辺さん本人も刺激されて、とてもいい対話の時間となったようでした。そしてここで出た〝自分たち事〟という言葉を渡辺さんはずっと大事に温めていました。

渡辺さんとは「愛・地球博」(2005年日本国際博覧会)で初めて一緒に仕事をしました。

その頃の渡辺さんは函館を拠点として活動されていて、そのあと札幌に移られました。今日は千歳の方や札幌市図書・情報館の館長の淺野隆夫さんも、オンラインで聞いてくださっていますが、私は二〇一三年あたりに図書・情報館の設計のお手伝いをしていて、しばしば札幌を訪れていました。その際、新しい図書館の話も渡辺さんともしています。ある朝、私が泊まっているホテルで朝食を一緒にとれることになって、そこで「もう少しで〝自分たち事〟の本が書き終わりそう」とおっしゃっていました。その一カ月後、くも膜下出血で亡くなってしまったのです。

でも本はほとんどできていました。それを有志の皆さんがクラウドファンディング方式で本にしました。タイトルは「Designing ours:『自分たち事』をデザインする」。素晴らしい内容ですが、賛同者数限定で出版され、残念ながら購入はできません。

今までの社会は、自分の利益になるかどうかという尺度がずっとあったと思います。内山節さんの『新・幸福論』（新潮社）の言葉を借りると、「他者とともに生きる、他者のために生きる方が、最終的には自分のためにもなる」。これは「自分たち事」にしていくということではないかとも考えられます。

話は少し飛びますが、資本主義システムはもう終わっている、終わりに近いと、ひしひしと感じています。資本を投じても利潤が出るような「周辺」がなくなってきているし、行き過ぎた消費社会が、一年で地球二個分の資源を使っている、つまり未来に対して地球一個分を毎年前借りしている。

価値観を変えていかないと地球はもたないといわれています。水野和夫さんの『資本主義の終焉と歴史の危機』（集英社）の言葉を借りれば、「より速く、より遠くへ、より合理的に」ということがよしとされていたことから、「よりゆっくり、より近くへ、より曖昧に」あるいは「より小さく、よりシンプルに」と言い換えることができるかもしれません。そのように変えていかないといけないのではないか。

「Stay home」で多くの方が感じたのは、「よりゆっくり、より近くへ、より曖昧に」なったことではないでしょうか。最初はみんな戸惑ったわけですが、それが次第に慣れていった。「うちにいなさい」といわれ、他者と共に過ごす場所というものが、実は自宅同様にすごく貴重だったと気づいたのではないか。まちライブラリーなども、他者と共に過ごす場所として、人々がすごく大切な場所だと感じるようになってきているのではないか。

ちょっと突飛なのですが、私には十年前に第一次縄文ブームが来たのですが、今また第二次縄文ブームが来ていて、一万五千年前のことを考えているわけです。竪穴式住居の小さな〈イエ〉にプライバシーもなく住んでいたのではないかというのは実は違っていて、核家族というか、当時長生きできなかったわけですから、小さな子どもと夫婦、あるいは個人個人でワンルームホームを持っていた。そして日中はもっぱら大きな〈イエ〉、協働の場に集まってみんなで道具をつくりながら過ごした。そんな楽しい〈ムラ〉のイメージが定説になりつつあります。その周囲にある〈ハラ〉という、狩猟採集できるような場所を上手に生かして、自然の中で共存する心豊かな一万二千年間が続いた。

このときに、日本人は、日本人と一言で片づけていいかわからないのですが、山から恵みをいただくという感覚とか、万物には魂があるというようなことを大切に思っていたのでしょう。弥生時代よりも前には所有という概念がなかったといわれています。ですから、みんなのものというか、「Common」というか、そういう共有の場を愛する時代が一万二千年間も続いた。その前の旧石器時代も入れると四万年近くも続いたのです。この非常に長い時間の中で日本人の文化的遺伝子が培われてきたのではないかと思っています。弥生時代から現代に至るまではわずか三千年もないわけです。

今、「人々」の群れの中にいれば何とかなるというイメージは崩れ去りつつあります。自然との確かな関係を築く。人間同士も確かな関係を築く。地域も、地域ごとにローカルでいろいろなものをやっていき、確かな関係をつくることが必要です。

そういう新しい関係をつくるときこそが、本当にやってみたいことに気づくチャンスではないかと思います。自分の能力のなさを思い知り、悲観するというのではなく、いかなる関係の中で働き、生きていったらよいのかを模索する時代になってきているのではないでしょうか。

私自身、公共施設のお手伝いをするときに大切にしているのは、これからの「新しい関係をつくる」ための場や機能を備えるということです。「新しい〝自分たち事〟を見つけるための」と言い換えてもいいと思うのですが、そのような場とか機能を備えていくことが、まちライブラリーもそうですが、パブリックな場所としては大事なのではないか。それによっていろいろな気づきや学び、試みが連鎖的に起こってきて、ひいては変革期を生きる力となり、地域の自治が芽生えてくる、強くなっていくのだと思います。

私は二〇〇五年に行われた「愛・地球博」の「サイバー日本館」のディレクターをやりました。このとき、どの学者も有識者たちも、「地球はずいぶん前に地獄の門をくぐっている」「たとえ大昔の生活に戻しても、百年は灼熱地獄が続く」「毎年未曾有の台風が来ます」「地球規模で食糧難になります」というような話をされました。「サイバー日本館」はウェブサイトでさまざまな実践的コンテンツをあげて、パビリオンの見学をサポートする仕組みをつくって、多くの人の行動を促したのですが、私自身が異常気象やエネルギーのこと、食糧難が気になって仕方なくなってしまい、ついには会社を辞め、長野県に移住するという行動を起こしてしまいました。

それで今、公共施設のお手伝いの仕事をしながら、お米をつくって、冬は木を伐る暮らしをしています。二〇一〇年からは「通い稲作塾」という活動を始めました。表向きはお米のつくり方を学ぶ場ですが、実は共同体をつくっている。共同体で食糧や薪をつくるということがと

通い稲作塾

ても大事なのだとわかってきています。今、二百人ぐらいいるのですが、休耕田がこれ以上増えないようにみんなで協力して維持しています。

無農薬でやっているものですから、三密を避けながら、田んぼでみんなで草取りをしています。共に生きるための「小さな社会」。これからどのようにして小さな社会、現代の〈ムラ〉をつくって乗り越えていったらいいのかを実践しています。山は、特に日本では非常に大切な場所ですから、山を知り、関わり方を覚えていかなければならない。そのために「薪びとクラブ」という薪をつくって、みんなで学ぶ活動を実践しています。

田んぼの水路をどうやって維持するか、山ではどうやって作業道を整えていくかということをやっていると、自治とはこういうことなのだとわかってきます。まず自分たちでやって、できないものを自治体にお願いする。

東京都武蔵野市にある武蔵野プレイスの開館の仕事に加わったとき、「知的創造拠点」というコンセプトがすでにありましたが、信州に移住後で、「知そのものは、現場にあるのではないか」と思い始めていました。そこで「武蔵野プレイスは、何かアクションが始まる機会とか場を提供することを使命にしませんか」と提案し、理念も変更されました。

地域でテーマや課題を共有していくためには、図書館に地域のみんなに来てもらわないといけない。あらゆる人が来ないと、地域のものを共有することができない。誰でも来られるような雰囲気になるように工夫することが大事です。

市民活動を支援するようなフロアもつくりました。また、青少年の居場所は、宿題とか会話とか、ゲームもオーケーで、カップラーメンも電気ポットがあって食べられる。その代わりゴミを自分（青少年）たちでちゃんと分別していくという約束になっています。〝自分たち事〟が増えると、いろいろなことが回り出します。

まちと大事なもの

最後は「まち」の話です。まちは「大事なもの交換所」説です。今、農業に後継者がいないという問題があり、ひどい地域では九割の農家に後継者がいないといわれています。つまり、二十年後、いやもう十年後ぐらいかもしれません、日本の田畑や里山は終わってしまうという、とても大きな問題が起こります。日本はカロリーベースで三十七パーセントの自給率しかないので、これで感染症や気候変動があると、世界的に食べ物が足りなくなり、日本でも深刻な食糧危機を迎えることになります。

二〇一〇年、山形の庄内で、農家の担い手を増やすために手伝ってもらえないかという話があって、三年間、現地に入って取り組んだことがありました。

「朝ミュージアム」の話し合い風景

まずは地元の人の声を聞きたかったので、農家さんがよく農休みに行くという湯田川温泉で将来について語り合う(注3)ダイアログをやったのですが、年配の人たちからは「朝市を復活させたい」といった声があがりました。また、ある若者たちは「ミュージアムをつくりたい」という希望を話し合っていました。地元でつくられた農産物、特産品などを丁寧に紹介したいということでした。このときにはまだ私は長田弘さんと出会う前で「大事なもの」という言葉は見つかっていなかったのですが、何か大切なものを朝市で交換するとか、ミュージアムで伝えるとか、そういうことなのではないかと感じました。それで、朝市のようなミュージアム、「朝ミュージアム」をやってみようということになりました。

作家さんは農家。作品は農産物。年に数回、日曜の朝、温泉街にある路線バスの小さな待合室を使って、ミュージアムを開催しました。すでに農家を継いでいる若者や焼きとり屋の三代目、旅館の若旦那や若女将たちが、手づくりで展示やミュージアムカフェを準備していくのです。現場に本当の知があるということも、このときにすでに感じていたので、朝ミュージアムの会場を見たあと、畑や酒蔵に行くオプショナルツアーも試しました。現地に行くと新たに見えてくるものがあるので、いろいろなことを知りたくなるわけです。

庄内には、古くから受け継がれている羽黒山伏がいます。私も修行を二回やりましたが、その真髄はその場に身を置いて自らで感じることでした。

若い世代が田畑や里山に身を置いて自らで感じ、アクションを起こしていくようなことが、必要ではないかと思います。農業以外にも次の世代がいないというものがいっぱいあって、それをどうしたらいいか問う場が必要です。まちライブラリーも、そのような場の一つとしてあるのではないか。

「朝ミュージアム」は三年で終わりました。なぜかというと、この非日常のイベントがうまく回り出し、在来野菜をつくっている農家さんから直接買ってくれることが起こったり、いちばんは若い後継者が出てきたということがあったりして、「じゃあもういいか」ということになりました。実はイベントが続くことがいいことではなく、いい非日常が日常になっていくことが大事だと思っています。千歳のまちライブラリーは閉館だとうかがったのですが、今までやってこられた素敵なことが日常化するといいなと願っています。

庄内で朝ミュージアムを開催した年に東日本大震災が起こりました。私は秋から石巻市雄勝町に支援に入りました。二年目に、津波で町全体を流されてしまった方々を、庄内の朝ミュージアムにお招きしました。雄勝で大切に思ってきたものを、もう一度朝ミュージアムのような感じで集めなおしてみませんかとお話ししました。町がなくなるということは、「ここに神社があった」と言われても、さっぱり想像ができない。しかし、お正月の獅子舞の一枚の写真を見せてもらったとき、「みんなが記憶しているまち」が私にも想像できました。こういう記憶を集合的記憶、コレクティブメモリーというのですが、これがとても大事だということがわかってきました。

東日本大震災支援（石巻市雄勝「おがつスターズ」）

記憶が大事ということは、長田弘さんもずっとおっしゃってきたことだし、私も自分の記憶を意図的に呼び覚まして耕すことをしばしばやっていました。

震災で「雄勝には何もなくなってしまった」とみんなが言うので、「いや、ありますよ」とみんなの中にある地域の記憶を集めて、写真を探し、話を文にして、見せていきました。四年半の復興支援では石巻市全体でそんな取り組みをしました。その記憶をみんなで語り合えば、いろいろな思い、希望やアイデアが出てきて状況が変わっていく。それが未来でした。

それを伝えるべき人に伝えていくということで、私は旅行業免許を持っているものですから、仙台駅発着のバスツアーをやりました。実際に津波がきた高さまで神社の階段を駆け上がる体験をしてもらい、教訓を実際に感じてもらう。また、海でとれるおいしいものを味わう。「おいしい！」という笑顔が、地域の人たちへのエール、すごい声援になるんです。

『スローシティ』（光文社）の著者の島村菜津さんをお呼びして、「かつては何もなかったイタリアの村に今は大勢の人が来ているんですよ」という話をしてもらいました。

雄勝は二〇二一年春に、ようやく市庁舎支所や地域公民館、図書館ができる。それまでの居場所としてトレーラーハウスを三台使った情報交流施設をつくって本を置く棚も用意したのですが、結局震災の本以外に雄勝のことが書かれている本は一冊しかなかった。地域のことを伝えるためには自分たちで本をつくらなければいけないと感じた。そして、つくるだけ、アーカイブするだけではなく、それを思い出すきっかけをつくることもすごく大事だと思います。地域は記憶でできていることがわかったのです。

宮崎県都城市には、かつてデパートが三つあったのですがすべてなくなった。活性化のために町の中心部にあった元ショッピングモールの建物を改修して図書館を移転させることが決まっていました。いろいろないきさつがあって、私はその新生・都城市立図書館の開館準備と運営の責任者をすることになりました。

朝ミュージアムや雄勝のトレーラーハウスでも使っていた木箱型の棚をベースに、新たに木箱型の本棚をつくりました。これも自分たちの記憶が新しいものをつくっていくきっかけになる例です。

この図書館を、長田さんの「大事なもの」という言葉を借り、「ひとりひとりが〈だいじなもの〉をみつけていくために」というコンセプトで運営しています。みんなが何を知りたいか。探し求めているもののさらに先の欲求に応えられるようになっているか、スタッフみんなで考えています。

見つけるための仕掛けをつくっています。いろいろな本が見つかるインデックスの仕掛けや、地域の記憶を紡ぎ、情報を編集していくプレススタジオという場所をつくりました。地域に必要な大事なもの、地形の話や伝統文化、暮らしの話などを企画編集して見せる展示台もつくりました。実はこれはすでに庄内や石巻でやってきたことでした。

図書館の中には、子どもたちが静かにしていなくてもいられる場所や、活動もできる青少年の居場所もつくりました。アイデンティティの表現活動の場と、格好よく言っているのですが、まず感じてみる。そして自分らしく何かやってみようという場を用意しています。

そして、図書館全体を「MALL(Miyakonojo Augmented Library for Living)」と呼んでいま

す。〝生きるための、拡張された図書館〟です。試しに、「対話イベント　生きるための図書館」（二〇一九年八月二日）を、奈良大学教授（元瀬戸内市民図書館長）の嶋田学さん[注4]、『サインはもっと自由につくる　人と棚とをつなげるツール』（日本図書館協会）の著者で司書でもある中川卓美さん、宇佐市民図書館司書の島津芳枝さんがいらしたときに参加者と輪になってやったのですが、いろいろな視点が出てきました。宿題です。

私はここでカフェも運営しているのですが、「Mall Market（マルマーケット）」、〝市庭〟と名づけました。地元でできたもの、地元のお店が扱うものをここで並べる。私が地域に必要と思う本も売っています。「大事なもの」の交換所です。

古今東西、「まち」に必要なものは、「大事なもの」を交換する場所ではないでしょうか。それが『共感共鳴』による幸福感」といったような新たな価値観にもつながってくる。自然、人間同士、地域との確かな関係をつくるきっかけとなる場所として。

まちライブラリーは、食事を取りに来るように心の糧を取りに来て、「自分たち事」が増える場所だと私は思います。「大事なもの」の交換所にもなるということを、すごく感じます。規模も雰囲気もいいので、地域自治の拠点の一つとしても期待しています。

（注3）互いの考えを共有し深め合う対話イベント
（注4）京都橘大学文学部教授（二〇二一年現在）

第2章　ブックツーリズムの実践と挑戦

長野県茅野市・東京都奥多摩町の取り組みから

1　作家と語る茅野のブックツーリズム

原田マハ／平賀研也／矢部俊男／川渕恵理子／後藤寿和／池田史子／吉成信夫

二〇二〇年九月二十二日　蓼科高原別荘地

礒井純充
まちライブラリー提唱者

はじめに

「ブックフェスタ・ジャパン２０２０」の一環として「ブックツーリズムで茅野を変える」というテーマで蓼科高原から焚き火を囲んで皆さんと考えていきます。

なぜ焚き火の前でやろうと思ったかというと、今日のトークメンバーである矢部俊男さんが焚き火の前でいろいろな思索を重ねているということと、ゲストの平賀研也さんも伊那市で「たきびや」という焚き火の活動をしていて、その様子をフェイスブックにアップしている。彼らの様子を見て、哲学は語るより感じるものなのではないか、火を見ているとフラットにみんなで話せるのではないかと思ったわけです。

まちライブラリーは始めてから十年ほど経ちました。最近は一つひとつの場所が面白い場所になったり、人が来る場所になってきたりしています。そうした点が線になって、線が面になっていったら面白いのではないかと、妄想するようになりました。

本来、四月に大阪を中心に例年通り「ブックフェスタ in KANSAI」を行う予定だったのですが、新型コロナウイルスの出現でそれができなくなった。そこでオンラインを活用して、北海道から九州までいろいろな人をつないでみたいと思いました。

一月に、矢部俊男さんが蓼科の駅前の「ワークラボ八ヶ岳」に私を講演者として呼んでくれました。そのあと、今日ボランティアでお手伝いしてくださっているまちライブラリーのスタッフのお父さまの蓼科の山荘を私が使わせていただくことになり、蓼科、茅野というまちで、本の力で何かできないだろうかということを、矢部さんと話すようになりました。その話が矢部さんを通して蓼科に縁のある作家・原田マハさんにも広がり、三人で盛り上がってきたのです。

本の力でまちを変えられるのだろうか、変えるとしたらどんなことができるだろうか、課題は何なのだろうかということを話し合っていきたいと思います。

ブックツーリズムというと、ヘイ・オン・ワイが事例として挙げられます。イギリスの郊外、人口千五百人くらいの町で、電車もない不便な場所ですが、そこで一九六〇年代くらいにリチャード・ブースという人が古本屋を始めた。最初は消防署を買って、一階を骨董屋、二階を古本屋にし、すぐにヘイ城というお城も買って、そのお城を全部古本屋にした。さらに屋外にオープンな本棚をつくって、好きにお金を入れて、本を買っていってくださいというオネスティ・ブックショップ、いわば野菜の無人販売所みたいなことも始めたのです。こうした活動がヘイを変えていく一つのきっかけになって、ここに三、四十軒の古本屋が集まった。そして毎年五月から六月にかけて約十日間開催される文学祭には、五万人以上の人が世界中から来るようになりました。

茅野をブックツーリズムの観点から考えてみると、三つの可能性が見えてきました。

一つ目は茅野のもともと持っているポテンシャルの高さです。「蓼科親湯温泉《たてしなしんゆおんせん》」という面白いところがあります。ここには、三万五千冊以上の人文系の本があって、けっこう多くの人が来て、泊まって行きます。

オーナーが本好きなんですが、ラウンジの名前が「みすずLounge & Bar」。みすず書房の創業者・小尾俊人《おびとしと》は茅野市出身です。二〇一一年に亡くなられたのですが、その方のお墓も茅野市にあって、茅野市とみすず書房は縁が深い。また、岩波書店の創業者・岩波茂雄は隣の諏訪市出身です。このエリアには文化的な人が前々からおられて、親湯温泉は柳原白蓮《やなぎわらびゃくれん》やアララギ派の人たち、文人たちが逗留したところでもあるのです。そのポテンシャルを生かせないかというのが一つです。

二つ目は、蓼科の山荘の中にまちライブラリーの本棚をつくり、実際に情報を発信したり、受信したりという場所になり始めている。

三つ目は、茅野駅前にあるベルビア二階のワークラボ八ヶ岳に本棚をつくって、本を貸すもよし、売るもよし、自分を表現するもよしという、みんなが使える場所にしている。こうしていろいろな人が地域の中で本に触れ合える場所を駅前から山の上まで用意しようと考えています。

そこで、今日は茅野の半住民である原田マハさんから茅野と本についてお話しいただきます。それを受けて、県立長野図書館元館長の平賀研也さんには、外からの目線としてのご意見をうかがいたいと思います。一緒に焚き火を囲んでいただくのは東京から茅野へ拠点を移された森ビルの矢部俊男さん、「文化星人」の川渕恵理子さん、「gift_山ノ家」の後藤寿和さん、池田史子さん、ぎふメディアコスモスの総合プロデューサーである吉成信夫さんです。

茅野と本

原田マハ
作家

オンラインを活用したブックフェスタのイベントが、蓼科、茅野で始まったことをとても嬉しく思っています。礒井純充さん、蓼科に長く住まれている矢部俊男さんと私は、都市開発会社の森ビルで一緒に勤務していました。

かれこれ二十年前に私は森ビルを退職しましたが、礒井さんと矢部さんは今も現役で頑張っていらして、都市の在り方や日本のまちづくりに、密にコミットしてこられています。どうやって「まち」というものを成長させていくのか。そういったことに深い考察をお持ちのお二人が、茅野の新しいまちづくりに参画されていることは非常に頼もしくて、私も蓼科に関わる人間として、とても面白いことになってきたなという実感がありますね。

蓼科との出会い

「蓼科の先住民族」と私が呼んでいる矢部さんは、二十年くらい前に蓼科に拠点を持たれて、東京と蓼科の二拠点移住を始められました。「とてもユニークな生活をされているなあ」という思いでずっと見ていましたが、私が作家になってからは、矢部さんに「蓼科はいいぞ」と誘われ、ちょこちょこと足を運ぶようになるうちに、だんだんと蓼科、茅野という場所の高いポテンシャルに気がつきました。

まず東京から特急あずさで二時間という、時間の尺が非常にいい。私は当時、東京の郊外に住んでいたので、六本木にある森ビルに通うのに片道、ドア・トゥ・ドアで九十分かかっていました。自宅からバスで駅へと向かい、ぎゅうぎゅう詰めの電車に乗る通勤は、本当に「痛勤」電車で（笑）、なんでここまでして通わなければいけないのかと思うくらいでした。

撮影／ZIGEN

かつて森ビルは職住近接を提唱していて、六本木ヒルズではまちのなかに住居があるまちづくり、土地開発を展開していました。もちろん職住近接が実現できれば一番いいですが、やはり都心に住める人というのは、非常に限られています。私のような立場の人間は、痛い思いをしながら通勤しなければいけないのかと、疑問に思っていました。

その後、作家に転身したところ、今度は

自分の住まい、拠点を持つ範疇をもっと広い視野の中で考えられるようになりました。毎日二時間、満員電車で通勤するのは辛くても、たとえば週末だけや、月に何回か、もう一つの拠点から都市部に、一時間半や二時間かけて行き来するのであれば、気持ちの切り替えになる。その二時間で仕事だってできますし、心地よい電車の揺れのなかで寝ることだって、体を休めることもできます。とくに中央線は車窓からの風景が美しいので、四季折々の移り変わりも感じられる。ちょっと面白い人が近くに座ったりすると、作家ですからつい人間観察をしたりもします。

そんなふうに片道二時間の移動を人生のなかに組み込んだことで、作家としての次のステップアップや発展にも繋がることに気づき、そこで思い切って拠点を蓼科に持ったわけです。

蓼科の持つ文化の種

蓼科はとても空気がいいところですよね。当たり前ですが、生きている限り、人生のなかで空気を吸わないことは一度もありません。矢部さんは「このきれいな空気は全部タダ。どうせ人生のなかで空気を吸うなら、タダで上質な空気を吸えたほうがいいじゃないか」と言われる。すごい正論だなと思って（笑）、これも蓼科に拠点を持つ決め手になりました。

ついでにいうと、水もおいしいですし、食材も非常にいい。人間が生命を維持するうえで欠かせない三つのことが揃っている蓼科は、ポテンシャルの高いエリアだなと思いました。

そして私が人生にとって必要不可欠だと思っているのは、文化。文化、あるいはアートやデザインといったものが、この蓼科でもっと華やいでほしいですね。すでに土地固有の豊かな文化や歴史があり、伝統芸術もありますが、まだまだ伸び代があると私は思っています。きっとこれから蓼科にコミットしていくいろいろな方々が、この地にずっと埋蔵されたままの文化の種に水を撒くことで、いつか必ず芽吹くのではないでしょうか。

以前、私は茅野を舞台にした『生きるぼくら』という作品を書きましたが、読者のみなさんに蓼科、茅野のポテンシャルに気づいていただくきっかけになればいいという気持ちがありました。読書という行為が、まだ眠っている潜在的な文化を花開かせ、繁らせる可能性は非常に高い。そういった意味でも、このたびのブックツーリズムにはとても共感しています。とくに川渕さん、後藤くん、池田さんは、私が古くから付き合いのある優れたクリエイターの皆さんですので、微力ながら私も参加させていただき、文化を育てる水撒き作業をご一緒できたらと思っています。

愚かであることは賢くあるということ

読書というのは、ある意味、太古の昔から存在していて、私たち人間が人間である証のような行為ですよね。今回、そんな人間の根本にある読書を、最新のデジタル技術やＩＴを駆使し、リモートの形で実現させ、蓼科という豊かな自然環境のなかで、視聴者の方にも参加していただきながら共有しています。こういった試みができるということは、今後、文化的なダイバーシティが実現する可能性が高いということでしょう。

私も以前から注目しているのですが、イギリスのウェールズにヘイ・オン・ワイという、古書を中心に地域おこしに成功したエリアがあります。ヘイ・オン・ワイは、読書に対してクレイジーだった人物、リチャード・ブースが一人、田舎町にきて、本のまちをつくってしまった。ある一人のクレイジーな人物には何かを変える力があると、私は信じているところがあって、このリチャード・ブースに矢部さんを重ねているんです。

矢部さんとスティーブ・ジョブズを同じ土俵に乗せるのはどうかと思いますが（笑）、世界的な企業であるApple社ができたのはスティーブ・ジョブズがいたからこそ。スティーブはたしかヒッピー世代だったと思いますが、世の中にレジストしていくために「Stay hungry, stay foolish」であることを提唱しました。

「stay foolish」とはなにか。それは「stay wise」であることと等しく、愚かであることは賢くあることでもあるのです。社会に対しては透徹した厳しい眼差しを持ちながらも、自分に忠実で、決して自分の情熱、信念を曲げない。それが結局、賢い生き方をつくっていくんだという、三十年近く前に彼が残した言葉からは、今でも気づかされることがたくさんあります。

きっとヘイ・オン・ワイをつくったリチャードは「stay crazy」な人物で、そんな彼だからこそツーリズムを変えてしまうような大きな動きをつくり、伝説にもなった。ひょっとしたら茅野でも、そんな変化が起こるのではないかと私は期待しています。

アートでまちおこし

川渕さんと池田さんがイデーというデザインカンパニーに勤めていらした頃、お二人と一緒に、今や伝説になっているアートイベントを開催したことがありました。「東京デザイナーズブロック」という東京・青山のエリアを中心に、デザインでまちを変えるという非常に画期的なイベントを、お二人が主催され、私も参加させていただきました。

二〇〇二年には「東京デザイナーブロック」を発展させた「セントラル・イースト・トーキョー：CET」というイベントを、同志十五人ほどで立ち上げました。馬喰町、日本橋界隈からさらにイーストエンドのエリアを、アートで変えていこう。当時、まちをつくり直すべく、巨大な都市開発が進んでいる時期でしたが、逆に開発の手が加えられていない都市の隙間がいくつもできていました。

「セントラル・イースト・トーキョー：CET」はその隙間と隙間をアートで繋ぎ、まちおこしをするという試みで、二週間限定で空きビルを使い、アーティストたちに好きなようにインスタレーションしていただくというイベントでした。

作家に転身後、私は参加しなくなりましたが、その後、八年ほど「セントラル・イースト・トーキョー：CET」は続き、その間、建築家の馬場正尊さんや、アートディレクターの佐藤直樹さん、みかんぐみの建築家・竹内昌義さんなど、非常に優れたクリエイターの方々が関わってくださいました。

私たちがイベントのモデルにしていたまちは、ニューヨークのマンハッタンにあるチェルシーエリアでした。チェルシーエリアはアーティストが移り住んだことで、二十年ほどのうちにマンハッタンのなかでもっともおしゃれなエリアに激変しました。

「地図の上に残るようなイベントにできたらいいね」という思いから始め、まったく予算のないなかで、こつこつと労力をつぎ込んだ結果、東京のイーストエンドはまちの魅力が増しました。ほぼ都心にあるにもかかわらず、洋服の問屋さんがあるくらいで若い人が行かないエリアだった馬喰町が、今ではギャラリーやブティックができたおしゃれな町になっています。

自慢ではないけれど、「越後妻有アート トリエンナーレ」よりも早かった。「セントラル・イースト・トーキョー：CET」は今、全国のあちこちで開催されている「アートでまちづくり」の原型になったと思います。まだ誰もやったことがなかった「アートでまちおこし」の成功体験というか、シンボリックなイベントとして、私のなかに残っていますし、今度は東京から蓼科に場所を移し、アートを読書や本というものに替えながら、新しいまちおこしができるのではないかと想像しています。

いかなることでも継続は力なりというくらいで、継続して定着させるということが大切です。茅野にブックツーリズムを定着させていただき、ブックツーリズムでエリアが変わったという結果を出るまで続くといいなと思います。

作家と読者

どんなところでどんなスタイルで本を読んだっていいでしょう、という考えがあります。もちろん自分の快適な形で、本を読むことが一番大事です。でも澄んだ空気を吸いながら、お酒が好きな方はウイスキーなんか飲みながら、自分のベストチョイスの本を読むなんて体験ができたら、人生がとても豊かになる。クリエイターたちが競合して、皆さんに特別な読書体験の演出を提案していけたら素敵ですよね。ブックツーリズム、本を題材としたスペースづくりやイベントをやるときには、さまざまなクリエイターの方々から積極的で自発的に、デザインやアートのアウトプットが出てくるともっといいと思います。

私は作家として、コンテンツを提供するサイドの人間で、読者の方々はエンドユーザーであり、最後に本が届く方々です。私の「書く」という行為と、読者の「読む」という行為の間には、一本の糸のようなものが通っていて、お互いに両端を握り、いつも繋がっている。読者の方が私の書いたものをどうお読みになるのか、逆の糸の先を手繰っている感覚が私にはいつもあって、私の小説を読んだことで、どんな心の振り幅があったのかを感じていたい。「電車のなかで笑いを堪えた」とか「最後で涙が止まらず、電車のなかで読まなくてよかった」という感想をよくいただくのですが、それは私にとっての最上級の感想です。とは言いつつも、「どうしても最後まで読みたくて、電車を何往復かしてしまったことがある」という言葉も、とても嬉しい。もし終着駅で降り、ベンチに座り、ラストシーンを読んで泣いている人に出会ったら、私はすごく感動してしまいますね。

人類にとっての書物

読書をする人の姿はとても美しいですし、本を読んでいる人って傍目で見ても気になりませんか？　自分が読書するか、しないかは別として、読書をしている人に対して、違和感を覚えたり、嫌悪感を覚えたりする人はほとんどいないのではないでしょうか。人類のＤＮＡに組込まれているほど、人は読書する人が好きなんだと、私は思うんです。風景のなかに読書をする人がいることが、人間にとって安心感を覚える行為のような気がしますし、そうあってほしいなと願っています。

最近はスマートフォンやタブレットで読まれている方も多いですし、それを否定する気持ちもまったくありませんが、書籍とデジタルは共存すべきだと思っています。形として美しい書籍は、どんなにデジタル技術が進んでも、絶対になくならない。なぜかというと、人類の文化史が始まってからかなり長い時間、書物というものは存在していて、これだけの時間と歴史をかけてつくり上げてきたものは、絶対に滅びないはずです。デジタルもある意味、残ると言えますが、誰かが悪意をもってふっと消してしまったら、すぐにデータが消えてしまう危うさがある。

本は燃やしたり、破損しない限り、モノとして残っていくものであって、アートと同じように、物質として人類に有効で有益なモノとして継承されていくように思います。

読書の神様

去年、福岡の九州国立博物館に行くため、友人と一緒に、ローカル線に乗って大宰府へ向かっていました。平日の車内はけっこうガラガラでしたが、私の隣に初老の男性が座り、すぐにバッグから文庫本を出して読み始めました。私は本を読んでいる人が気になるので、横眼でちょっと見ていたら、それが講談社から発売された『あなたは、誰かの大切な人』という私の本だったんです。最初の「最後の伝言」という短編のフレーズが目に飛び込んできて、ちらっと見ただけでも自分で書いたものだからすぐわかるんですよね。

隣にいる友人に「隣の人がね、私の本を読んでいる」とＬＩＮＥしたら、「えっ、すごい。どうするの」と返ってきて、「終点の大宰府天満宮まで行ったら、声をかける」なんてずっとやりとりをしながら、四つくらい先の終点、大宰府駅に着きました。

終点でさっと男性が降りられたので、だだっと追いかけて「本を読んでいただいてありがとうございました。私、その作家なんです」って声をかけたんです。そうしたら「えっ、原田マハさんですか！　僕の家内がファンです」って（笑）。「サインをよろしかったらしましょうか。奥様のお名前で」とその場でサインをさせていただきましたが、そのとき男性が「こんなことってあるんですね。読書の神様っているんですね」と仰ったんです。隣に作者が座るなんていうことは、たぶん一生のなかでもそんなに何度もないかなと思いますけれども、糸の向こう側を握っている読者が私の隣に座ってくださったなんて、きっと読書の神様はいるんでしょうね。私にとっても「本当にこうやって読んでくださっているんだな」と実感できたすごく嬉しい出来事でした。

それがもしタブレットやスマートフォンで読んでいたとしたら、メールやＬＩＮＥをやっているかもしれないと、気がつかなかったかもしれません。モノとしての本だからこそ、奇跡のような出会いをつくる。これも本の素晴らしさ、本の力です。

とても美しい行為である読書をする人の姿が、この蓼科の美しい自然のなかの一部になればいいと願っていますし、ツーリズムが蓼科に訪れることで、必ず実現できると思っています。

時空を超えて共に創る多様な旅

平賀研也
県立長野図書館元館長・たきびや

ブックツーリズム「本とカフェ」のその先に

ブックカフェ、ブックフェス、ブックキャンプというと、たくさんの人が集まります。そんなところに出かけては、主催者や参加者に「なんで本なの？」と問い続けてきましたが、なぜかは誰もよくわからない。

あるいは、新しい複合施設的な図書館が次々とつくられる中、みんな揃ってカフェをつくりたがりますが、図書館にそういう「場」がある必要性は、心地よさとか賑わいというイメージでしか語られない。

本というメディアとか、図書館やカフェという場の何が、そんなにまで人を惹きつけるのでしょう。

デジタル、オープン、ネットワークコミュニケーションの時代、「ウェブが図書館だ」といわれる中、長野県で市立、県立図書館の館長として「情報と情報、情報と人をつなぎ直し、人と人をつなぐ」ことを考え、「これからの図書館」の情報、空間、人の在り方を実装しようとしてきましたから、その問いがいつも頭の中にありました。

今回の茅野のブックツーリズムを巡る対話の中で、原田マハさんがおっしゃった「場所を移動するということがとても大事」というお話は、「本」と「場」の関係についての一つのヒントかもしれません。空間と時間を超え、誰かと何かを共有するつなぎ役が本であり、今回のテーマのブックツーリズムだといえるかもしれません。

僕は、伊那市の図書館では、いろんな時代の本を図書館ごとに再構成し、その図書館空間とまちを巡るブックツアーをしたり、「屋根のない博物館の屋根のある広場」を掲げて、地域とそこにある知を探索し、編集発信、アーカイブするようなことを、地域に暮らす人、地域を訪れる人と共にやってきました。

昨日、みんなの森　ぎふメディアコスモスの吉成信夫さんと礒井純充さんとの対話にお邪魔して話しましたが、これからのツーリズム＝「観光」とは、そこにある「光を観る」のではなくて、「光の源をたどる」営みなのではないかと思います。ブックツーリズムというのは、まさにそんなものになりうるのです。

そして、今日、空間づくりに携わる皆さんと話していて「ああ、なるほど」と思いました。時間と空間を超えて何かを分かち合っていくようなリアルな場をいかに実装するかということに僕はいつも直面していたんだと。

そうした場としての空間はただ一つということではなく、できるだけ多様な本や人の関係性の生まれる場だといい。多様な人々が時空を超えて旅する起点となるように。

例えば、ここ茅野では、別荘に暮らしている山の人と、まちに暮らしている人たちがいて、一見、まったく違う世界に生きているように見えます。ここに多様な空間が生まれたなら、それぞれの人にフィットしつつ、空間と時間を超えて誰かと何かを分かち合えるような新たな人と人のつながりが生まれるかもしれません。

本と人の関係の多様性――親湯温泉と気仙沼での体験

今回、礒井さんに連れられて、「蓼科親湯温泉」を訪れました。そこで本というものの在り方の多様性を改めて考えさせられました。本がたくさんある場所だろうくらいに思って行ったのですが、その混沌具合にショックを受けました。

図書館では知の体系に沿って分類された本が並び、まちライブラリーやブックカフェは、誰かがその人の視点で選んだ本が並んでいるので、僕らはその塊の意味を読み取ろうとします。ある意味一冊一冊の本だけではなく「書棚」が主役でもあるわけです。

ところが親湯温泉ではさまざまな来歴の三万冊の本がダーンと置いてあって、一九六〇年代から今日に至るまでの本が自由に、ある意味、雑然と並んでいる。もうそれは本が「意味」ではなくて、「ブッ」としてそこにあり、訪れた人それぞれの偶発的な本との巡り合いがその空間にある。それは私にとって新しい発見であり、本との出会いが、それぞれの「自分」に委ねられる。そんな本と人の関係性もありだなと思いました。

また、人と人をつなぐメディアとしての本を実感した経験もあります。3・11直後の夏、伊那市立図書館の除籍本を持って気仙沼で開催された復興フェスに行ったときのことです。そこで、「さあ、どうぞご自由にお持ちください」と本を並べたときに何が起こったかというと、会話が始まったんです。

「館長さんいる？　俺はベーリング海で船に乗ってたのよ」。持って行った本の中にベーリング海の本を見つけたんですね。「このハヤカワのSFシリーズ全部持ってたんだけど、流されちゃってね、今思えばなんで後生大事に持ってたのかな（笑）」とか、牧師さんが「何千冊もの本が教会と共に流されて、でもなくなってみると……」みたいな話を始める。こちらは被災した彼らにどう声をかけていいのかわからないでいたのに、本を媒介に自然と泣いたり笑ったりの対話が始まった。本には人をつなぎ、何かを分かち合わせる力があるなと、このときすごく思いましたね。

本と人の関係そのものにも、いろんな姿と可能性があると思います。

本が体現する暮らしの身体性

僕は長野の図書館で、アウトプットしながらブックしていく、記録していくということをみんなでやってきました。地域で見て、聞き、触れ、食べ……五感で触れる多様なものを本やウェブで調べ、みんなで「実感ある知」を獲得する。そういう意味では、多様な環境や暮らしが目の前にある茅野や信州のような地域では、単に一人で読むというだけでなく、いろいろな本の可能性をデザインできる。

歴史を振り返っても、そもそも図書館は決して一様ではなかったことがわかります。たとえば大正時代の信州には、それぞれの村々でそれぞれの必要に応じた、それぞれの仲間たちが選んできた本を共有する「私立図書館」が今の公立図書館より多く存在し、そこは本にとどまらず、活動を共有する場だったのです。

そんなことを考えると、身体性を伴った空間に情報や本があることも大事なのではないかと思うのです。具体的に人がコトを起こすシーンをイメージしながらつくられていくような本のある空間。いかに物理的な空間をデザインするかとか、選んだ本をどう見せるのかではなく、そこで起こることのプロセスが本によって見える空間。

本は多様なものを表現するのにとてもいいメディアです。同じ本を十人に与えたとしても、その本を使って表現されることは十人十色。多様な人が多様な視点でそれぞれの世界の塊をつくるのは面白い。それが暮らしの文化かもしれません。

最近「たきびや」を始めて、焚き火を囲んだパブリックな場をつくろうとしています。それで、柳田國男の『火の昔』という本に出会ったのですが、彼は言うのです。みんな文化という言葉を使うけれど、文化って何だかわかっているのかと。自分は暮らしの中で実感のあるものを拾い集める仕事をしているのだと。火というテーマはまさに文化であると。

暮らしの中で改めて見つける文化と呼べるようなものが茅野にはたくさんある。僕は東京からの移住者ですから、なるほどという実感があります。もちろん都会にはグローバルな、常に新しくクリエイティブな刺激があるけれども、茅野には「自分たちがどこから来たか」ということを振り返りながら、実感を持って今と未来を考える素材がたくさんあると思います。それを本が体現している空間ができたらいいですね。

個の多様性がつくる公共

礒井さんはまちライブラリーの活動を通して、一人ひとりの民の側から、パブリックな場や関係性をつくろうとしてきた。

僕はもともと民間の人ですけれど、長野の図書館長としてあえて官が独占してきたパブリックを解体し、一人ひとりに開き、新たにしようとしてきた。

礒井さんと僕は互いに、個に立脚した多様性のある「公共」を目指して違うアプローチをしてきたのだと僕は認識しています。礒井さんが向こうから歩いてきて、僕はこっちから歩いていった。その出会ったところに多様な個が形づくるパブリックが現れてほしい。

僕は官の使う協働とか連携という言葉に対して懐疑的です。官民連携という言葉がイメージしているものは役割分担のようなものです。そうではなくて、出会ったときに、そこで違う場所に立ち、向き合ったまま、連携しましょうという話ではなく、同じ方向を見てそれぞれがやれることをやれたらいい。公立図書館を含む官は、多様性をつくることをただただ民に委ねるのではなく、自分もそのような場や事業の担い手として、もっと個が際立つ存在として、一緒に取り組んでいくことが大切なのではないかと思います。

その結果として、公共図書館もまちライブラリーも含め、本のある場所がまちじゅうに増えていくことで、気がついたらなんだか知らないけどすごく多様性に溢れる楽しいまちになっている、新たなパブリックが生まれているということになってほしい。そうした先例として、茅野のブックツーリズムの実践を結実させたいですね。

ワークラボ八ヶ岳を本の場に

矢部俊男
森ビル都市開発本部計画企画部部長
茅野半住民

蓼科には別荘が一万戸あります。かつては軽井沢に匹敵する別荘地でしたが、一九九一年頃をピークに衰退しています。そういった現状の中での取り組みには、やはり文化が必要です。いつでも、誰でも楽しめるものとして、「読書」というテーマが浮かびました。「ワークラボ八ヶ岳」は、茅野駅に直結しているベルビアの二階にある誰でも利用できるコワーキングスペースです。ここに本棚をつくって、本を楽しむ場にできないだろうか、それが新しい文化になり得るのではないかと考えたのです。

これまで観光というのは外国人観光客を呼び込むインバウンドなど、非日常を指していました。しかし、これからは日常という名の観光が次のステップとなるのではないでしょうか。自然豊かな茅野を、本を媒介としてそのような場にできるのではないかと思っています。

「ワークラボ八ヶ岳」に本棚が完成して、プロジェクトがスタートしたときに、そこから情報発信することを次の目標の一つにしていきたいと思います。

本とカフェ

川渕恵理子
文化星人 代表

茅野をヘイ・オン・ワイのようにするためには、一つのアイデアとして、やはりカフェ。本とコーヒーを楽しめるカフェがあるといいと思います。カフェは、すでに社会インフラといってもいいのではないかと思います。本以外の楽しみとセットになっていくことで、本のあるエリア、暮らしがより充実したものになると思います。

本はコミュニティづくりのツールになりますが、一方で読書はとても個人的な行為で、自分と向き合う時間でもあります。どんな風景を前にどんな椅子に座って読むのかといった、読む空間を掘り下げることにも可能性があるように思います。茅野には本を楽しむ拠点がいろいろありますから、そこを歩いてつないでいくようになったらいいですね。

圧倒的な本屋

池田史子
gift_山ノ家

コロナ禍の収束が見えない中、遠くに行くことや、みんなで集まるということが難しい状況下で、日常から少し外れて、どこかにトリップしたいという思いがあります。思い立って行ける場所に、本が読める空間があるというのは、二重の意味でトリップになると思います。その実現の方法としては、何としてでも行きたいと思えるような図書館や本屋さんが中心にあるといい。本のことなら茅野だよね、という状況をつくってしまいたいですね。それからカフェ。首都圏から来る人がいちばんほしい場所はそういう空間だと思います。

まちライブラリーの仕組みの中で特にいいなと思ったのは、メッセージカードで感想がどんどん連なっていくことです。ああいう仕組みを軸に、何かつくれそうな気がします。コロナ禍で感じるのは、表現の場はネット上にたくさんあるのですが、リアルには案外ないということです。バーチャルと併用しながらになるかもしれませんが、リアルなハブを茅野につくれたらいいなと思います。

本と時間と空間

後藤寿和
gift_山ノ家

本は、時間を介した非同期型コミュニケーションではないかと思います。たとえば、まちライブラリーでは、誰かの読んだ本が、ほかの人の手に渡るとか、あるいは同じ本を読んだ人が、それについて語ることができる。同じ時間を共有していなくても可能なコミュニケーションの在り方とツーリズムが、茅野で試せるのではないかと思います。

本のある空間は、不思議と良質な空気感ができます。それは本が、インテリアとしてディスプレイされているだけでなく、手に取って読むことで、知性としてインプットすることができるし、それを交換することもできるからでしょう。私は空間をデザインするときに、その背景との関係性をどうつくるかということを考えます。その関係性の延長に、人とのつながり方も見えてくるという気がします。まずは自分たちの場所を持って、そこを起点に何かつくれたらいいと思っています。

読書の身体性

吉成信夫
みんなの森 ぎふメディアコスモス総合プロデューサー

原田マハさんから、まさかスティーブ・ジョブズの「Stay hungry.stay foolish」が出てくるとは思いませんでしたけれども、非常に親近感を持ちました。

「みんなの森 ぎふメディアコスモス」の図書館の中の黒板には、まったく同じ言葉が書きつけられてありまして、原典であるアメリカの『Whole Earth Catalog ホールアースカタログ』（一九六九年）も展示しています。そういう考え方で特集本棚（シビックプライドライブラリー）をつくったらどうなるかみたいな実験も実は現在、うちの図書館でやっているところだったので、本が与えてくれる刺激を改めて強く感じました。

本を読んでいる人の姿は美しいと原田マハさんがおっしゃっていたことも印象的です。それは人が自分の内に入りながら、自問自答しながら、ストーリーにも引き込まれながら、自分に向き合っているところが見えるからだと思います。たとえば、お百姓さんが土を耕しているときは、すごく美しいなと僕は身体所作を見ていて思うことがありますけれども、そういうものと同じように本を読んでいる人の美しさがどういうふうに重なってくるのか。そういうことを考えるイメージとして出していただいたので、すごく面白かったと思っています。

自然の中で本を読むというのは、ブックカフェではなかなかできません。公共図書館であればなおさらです。僕は3・11のあとも岩手で暮らしていたのですが、震災の衝撃で本当に何もできなくなったときに救われたと思ったのは、やっぱり絵本の力でした。森の中で本が汚れようが何だろうが、子どもたちと〝こびと探し〟をしながら土の上で絵本を読むことを繰り返す中で、だんだん元気になっていったという経験があります。心の傷口がふさがるように癒えてゆく力も、茅野の森や山々には宿っているのだと思います。

焚き火を終えて

礒井純充
まちライブラリー提唱者

実は、ブックツーリズムという概念は二、三カ月前に考えついたばかりです。ヘイ・オン・ワイのように成功している事例もありますが、日本では本でまちを変えていこうという試みは何カ所かありますが、まだそこまでの存在になれていないと思います。

今日の皆さんのお話を受けて、茅野でのブックツーリズムを考えたときに、多様性こそが一つの答えになると思いました。一人、二人が考えたからってなかなか社会全体の中では本当の答えは見つかりにくくて、たくさんの人が考え、行動し、表現していくと、その答えがなんとなく見つかって、一つに収斂しないけれど、こういうのもありだねという社会になるんじゃないかと思うんです。

空間づくりには人間の身体感覚がすごく影響していると思います。その場所に自分が安心していられるか、なんとなくワクワクする場所なのか、何か吸収したいと思うか、発信したいと思うかなどいろいろありますが、そのことと本の関係は今まであまり議論されてきませんでした。図書館も本がずらっと並んでいればいいとか、閲覧スペースが広ければいいのかといった話になっているけれども、本当にそれだけでいいのかということです。

吉成信夫さんのいるみんなの森　ぎふメディアコスモスは、これまで図書館に見向きもしなかった中高生たちのデートスポットにもなっている。図書館に行って本を借りているんじゃなくて、デートしに行っている。そのくらい自分たちにとって格好いい空間だとか、心地よい空間になってきているわけです。

いわばサードプレイスです。サードプレイスということを言い出したのはレイ・オルデンバーグですが、実はサードプレイスというよりも、インフォーマルな公共空間、計画性の外にあるものが、みんなの場所になっているということを彼は強く訴えています。そう考えると、非常にクリエイティブな力を使って何か新しい場所をつくっていかなければいけないのだけど、その方法がなかなかわからない。

まちライブラリーという活動そのものは、ある意味、カラオケルームをつくってしまったといえると思います。今まで歌を歌える人というのは、プロフェッショナルで、紅白歌合戦やミュージックステーションに出る人のことだった。町内会でうまいとか、そういう人はのど自慢大会や盆踊りのときに歌える。でも、それ以下はステージに立つのは憚《はばか》られる。

ところが、カラオケルームは下手であろうと、一人であろうと、音楽を通して自分を表現できます。まちライブラリーは、自分のやりたいようなやり方で、自分の図書館をつくったり、そこで本を集めたり、誰かとつながったり、いろいろなことが自分の手の中でできるということが、本を巡る活動の中では、いちばん大きな転換点だったのではないかと思います。

ブックツーリズムという提案は面白いけれども、実現するためには、いくつものハードルを越えていかなければならない。そういう問題提起の中の一つが環境とか空間をどう表現していくのかということです。そのような点に対して、図書館や書店は策が少なかったのではないか。もうちょっといろいろな形を考えてもよかったのではないか。あるいは今まさに民間や我々のような個人でやっているような活動の中においても、その問題提起は必要なのではないかと思います。

これは非常に大事な問題提起で、これを繰り返していかないと、いい発想なんだけど実現し得ない話になってしまって、結果的に一時の運動に過ぎなかったということで終わりかねない。まだ、答えは見つかっていませんが、これから考えていきたいと思います。

2　奥多摩の廃校を本の桃源郷に

礒井純充／鋤柄大気／どむか／力徳裕子／吉田茂治／清田義昭

二〇二〇年十月十一日　山のまちライブラリー＠奥多摩ブックフィールド

廃校のまちライブラリー誕生秘話

礒井純充
まちライブラリー提唱者

東京都奥多摩町の峰谷という集落の中にある、旧奥多摩町立小河内小学校の職員室の中につくられた「山のまちライブラリー＠奥多摩ブックフィールド」からお届けします。

今日は、奥多摩アートフェスティバルという活動をプロデュースされている鋤柄大気《すきがらたいき》さん、「山のまちライブラリー＠奥多摩ブックフィールド」で活動している仲間のどむかさん、力徳裕子さん、吉田茂治さんが集ってくださいました。

今日のテーマは、奥多摩アートフェスティバルとの連携プログラムで、「奥多摩の廃校に生まれた本の桃源郷で語る」。廃校のまちライブラリーがどうして生まれたのか、そして奥多摩のアートフェスティバル「おくてん」とはどのように連携しているのか、そこからお話ししたいと思います。

旧小河内小学校がある場所は、小河内ダムがつくられた奥多摩湖のはずれです。小河内ダムは、一九三八年に起工式が行われて、戦争前に着工したのですが、完成したのは一九五七年です。当時、このあたりは東京の観光のメッカになったと聞いています。少し里のほうに下ったところには温泉旅館がたくさんあって、そこに泊まって宴会をするという時代も長くあったようです。

小学校は、二〇〇四年に廃校になりました。建物は木造で、教室も非常に趣があります。一部には最後の卒業式のときに先生が残した言葉も黒板に残されていて、今は映画の撮影などにも使われています。

一昨年の夏、数千冊の本を持ち込みました。それから学校中にあった本棚、倉庫や体育館、軒下にうち捨てられていた本棚も職員室に集めました。

実は奥多摩は、まちライブラリーとある意味で深い関係にあります。私がここに初めて来たのは二〇一一年三月十日です。奥多摩で新たなビジネスを起こしたいという菅原和利さん、まちライブラリーのことをよくご存じの方にはおなじみですが、全国の八十の限界集落を歩き回った若者、友廣裕一さんと共にこの小学校を訪れて、「ここがまちライブラリーになったらいいね」と話し合ったのです。

その翌日にあのような大震災が起こるとは……。とにかく私としては、なんとなくここで、まちライブラリーのスタートを切りたいな、と思っていました。

残念ながらすぐにこの場所では始められませんでしたが、奥多摩町の終着駅から二つ戻った鳩ノ巣駅に、二つのまちライブラリーが誕生しました。一つ目が、「山鳩」という、なかなかおしゃれな駅前のカフェです。二〇一一年、そのお店の中に小さなまちライブラリーが誕生しました。オーナーさんが非常にまちライブラリーや地域の観光活動に積極的で、力を貸してくださったのです。

二つ目は二〇一二年に、鳩ノ巣駅のすぐ上にあった家の離れを大家さんが貸してくださって、私が「ISまちライブラリー@奥多摩・鳩ノ巣」を始めました。解体された家の跡地を庭にして、バーベキューをしながら、まちライブラリーの話をしたこともあります。

寄贈された小説や奥多摩で「宇宙を語る会」というものを催したときに集まった本など約千冊の蔵書があります。ここは私と仲良くなると、泊まることができるという非常に緩い管理をしています。

私はまちライブラリーという活動を開始する五年ほど前から、「サードプレイス研究会」というものを立ち上げて、地域の中に人が寄り合うような場所を連続してつくれないかな、ということを模索していました。

二〇一一年にすでに奥多摩を訪問し始めていますので、奥多摩とまちライブラリーは切っても切れない関係です。そしてようやく一昨年の夏、当初の願いが叶ったわけです。

なぜ奥多摩だったのか。当時の私は、六本木ヒルズという都心のビルの中でいろいろな文化活動事業を担当していました。会社との軋轢もあって事業からはずれ、組織の中で働くことにものすごく疲れていたのです。

それで、都心とはまったく真逆の方向に自分の居場所をつくりたいと思い、「奥多摩でまちライブラリーができたらいいいな」とツイッターでつぶやいたら、先ほどの菅原さんにつながった。二〇一〇年の秋のことでした。

彼と出会って数カ月後の三月十日、奇しくも先ほどの「山鳩」というカフェでいろいろ話をして、「廃校になった小学校を使えないかな」と私がぽつりと言ったのです。当時は町の管理でしたが、その後、菅原さんが所属する「東京・森と市庭」の指定管理で廃校が「奥多摩フィールド」となり、一昨年、使用させていただけることになりました。私にとって奥多摩は、なぜだかすごく気持ちを安らかにしてくれるところだなという、ただその気持ちだけでした。

同じく奥多摩に惹かれてやってきたのが鋤柄大気さんです。鋤柄さんから奥多摩の魅力とアート展「おくてん」の紹介、まちライブラリーとの連携の経緯についてお話しいただきます。

アートフェスティバル「おくてん」誕生秘話

鋤柄大気
おくてん実行委員会ディレクター

移住のきっかけ

まず、僕がなぜ奥多摩に来たかということから話をします。二〇一五年頃、僕は美術系の大学で助手のような立場で仕事をしていました。大学は青梅市にあったのですが、二年ほど働いたあとに、日野市に移転することになりました。自分の作品を大量に大学に置かせてもらっていたのですが、移転をきっかけにどこかに場所を借りなければいけないと思いました。

奥多摩だったら広くて、賃料もある程度抑えられるような場所があるのではないかと、探していました。たまたま知り合いが、二軒長屋のような古い家を、「自分で修繕するのなら、安く貸してあげるよ」と言ってくれたので、二〇一五年に改装してアトリエをつくり始めたというのが、奥多摩に来た最初のきっかけです。

やはり奥多摩で見知らぬやつが何かやっていると、近所の人たちが「何をしているんだ」「どこに住んでいるんだ」と話かけてくる。当時、僕は青梅に住んでいました。一方、奥多摩町では若者定住支援の一環として、若者住宅というものを至るところにつくっていました。アトリエから徒歩二分ぐらいのところにできるから、奥多摩に引っ越してきたらいいのではないかと近所の方に言われ、妻を説得して奥多摩に住まいも移したのです。

奥多摩アートフェスティバル「おくてん」

奥多摩アートフェスティバルは、二〇〇九年に始まった催しです。二〇一七年頃、アートフェスティバルを担ってきた人が僕のアトリエを訪ねてきました。「作家が主体でやってきたが高齢化も進んでいるし、なかなかこれを続けていくことはできないかもしれない。手伝ってもらえないか」と相談されました。僕としても奥多摩で活動をするいい機会だと思い、その仕事を引き受けました。

二年に一度のビエンナーレ形式で催されている奥多摩アートフェスティバルは親しみを込めて「おくてん」と呼ばれるようになりました。僕が初めてディレクションに入ったのが二〇一八年の奥多摩アートフェスティバルでした。この展覧会では、年に一度、作家たちがオープンスタジオ形式の展覧会を開催していました。その作家たちは、もともと奥多摩にいたのではなくて、三十年前ほど前から徐々に、奥多摩に魅せられて移住してきた人たちばかりなのです。なぜ奥多摩に来たのか、奥多摩の魅力は何なのか、自分たちは奥多摩でどういう暮らしをしているのか、そういうこと自体を見せるのが、この展覧会のコンセプトです。アートフェスティバルは、外から作家を連れてくるものが一般的だと思うのですが、「おくてん」は地元奥多摩で暮らす人たちの、その生活自体を提示するというのが、非常に面白いと思います。

「おくてん」の活動を一年に一回の奥多摩アートフェスティバルだけで終わらせるのはもったいないと思い、定義づけたのが、地域クリエイションです。特別に新しい概念ではありませんが、クリエイティブな志向から地域を豊かにしていこうという活動、それを「おくてん」と呼ぼう。二年に一度の奥多摩アートフェスティバルですが、アートフェスティバルがない年も、クリエイティブな活動をいろいろ試していきましょう、ということでやっています。

コロナ禍に発行した本『クリエイティブを旅する』

二〇二〇年の奥多摩アートフェスティバルに合わせて『クリエイティブを旅する 東京最西端物語』(西の風新聞社)という本を出版しました。この本をつくった理由の一つは、地域クリエイションの概念を広く、みんなと一緒に考えるきっかけにすることでした。また、今回のアートフェスティバルを企画し始めた時期に、クルーズ船での新型コロナウイルス騒動が起こり、以降、コロナ禍が国内に蔓延していきました。二〇二〇年、アートフェスティバルは十回目です。節目の年に、新型コロナウイルスの影響で、いろいろと準備していたイベントが中止になってしまった。コロナ禍だからといって、「何もできませんでした」となってしまうのは、僕としては非常に寂しいと考えたのです。

そこで、リアルでの開催ができなかったとしても、本を読むと奥多摩アートフェスティバルを体感できるような、そういうコンテンツをつくれないかと考えました。銘酒「澤乃井」で知られる小澤酒造さんがある東から西に旅していくような形で、十七組のアーティストはもちろんなのですが、飲食店やクリエイティブな志向で活動されている人たちを、物語風に綴る本にしたのです。

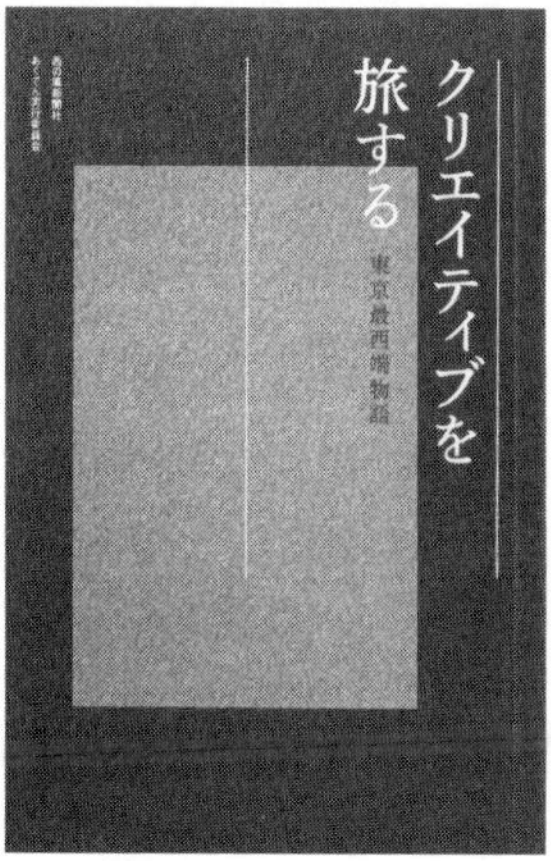

『クリエイティブを旅する　東京最西端物語』（おくてん実行委員会・西の風新聞社）

その本の中で礒井純充さんと「コミュニティツーリズムからまちづくりを考える」というタイトルで対談したときに感じたのです。奥多摩は、アクティビティではわりとフィーチャーされているので、訪れる人がいるのですが、あまり文化的なイメージはありません。ただ、その可能性は非常に高いのではないか。だからまちづくりの一つの考え方として、本という切り口で文化的な活動ができると、すごくいいのではないかと思ったのです。

「奥多摩フィールド」にまちライブラリーができたように、たとえば公民館みたいなものが小さな集落ごとにあるので、そういう中に本と触れ合える場所があってもいい。子どもが歩いて行けるし、安全です。

奥多摩のこれから

「奥多摩ブックフィールド」のすぐ近くに、海野次郎《うんのじろう》さんの「曇華庵《どんげあん》」というアトリエがあります。海野さんは水墨画を描かれている方です。水墨画も長い歴史がありますが、今の日本には昔の紙や筆をつくれる人がいない。つくりたいと思っている人が京都にいて、海野さんにサンプルの筆を送ってくるそうです。実際にその筆を使った海野さんの感想を聞きながら筆の質を上げているということです。

江戸時代の製法は記録としては残っている。しかし、結局それだけが残っていても形にできる人がいない、また使いこなせる人もいないようです。たぶん海野さんのような人は、専門的な本や筆をたくさん持っていると思います。それらは、一つのアーカイブとして成立すると思いますし、見たい人もいると思うのです。作品だけでなく、そういうものも見てもらうことは、非常に意味があるのではないかと思っています。

「曇華庵」の海野次郎さん

アーティストも含め、マニアックな人たちというのは面白い。お話を聞いても、アーカイブを見ても興味深いと思います。しかし、そういったことを見聞きできる機会がなかなかないのが現状です。

本だけではなく、いろいろなもののアーカイブがある場所「アーカイブのまち」みたいなことを実現していくと、すごく魅力的なまちづくりの一つになるのではないかと思います。

来年は、アートフェスティバルはありませんが、ずっと「おくてん」の活動は続けていきますので、ぜひよろしくお願いします。

本にまつわるアーカイブ

どむか
本屋さんウォッチャー

「奥多摩ブックフィールド」の始まり

「山のまちライブラリー@奥多摩ブックフィールド」は、二〇一八年の新年会で「奥多摩の廃校で、本を置くのに良い場所があるよ」と礒井純充さんに耳元でささやかれたのをきっかけに、春にこの場所を見に来て「やりましょう」と即答、数人の仲間とプロジェクトをスタートさせました。

私は主に、家に置ききれないアート関連本や展覧会図録などをこのライブラリーに置いています。趣味で、出版文化や本、本屋についてウォッチしたりしています（本は手元に置いています）。会社員なので、仕事以外のこういった活動は、公私を分けるために顔を隠し、ペンネームで活動しています。「奥多摩ブックフィールド」を始めてからのトピックとして、「出版ニュース社」の廃業がありました。そのときに同社が所蔵する本をどうするかという話がありました。大学などから蔵書を引き取りたいという、オファーが多数あったと聞いていますが、一括ではなくほしい本だけ選びたいという話が多く、やはりまとまった状態で保管したいということで、出版ニュース社元代表の清田義昭氏の決断で、「奥多摩ブックフィールド」で、一括して預かることになりました。

同社のアーカイブは三千五百冊以上にのぼります。「出版年鑑」と「出版ニュース」のバックナンバーを含む同社の刊行物、出版業界関連本に加え、非売品の出版社の社史などがまとまっています。出版を研究する方がここに来たら、ライブラリーにこもって出てこないのではないか、というくらいのボリュームがあります。系統立てて集められた本は、それだけで重要なアーカイブとなります。それらが一カ所に集められていることこそが大きな意味を持つと思います。出版分野に限らず、特定のテーマを持った蔵書が奥多摩に集積すれば、都心の大型の図書館に匹敵する価値を持ちます。「まちライブラリー」の進化型・発展型の「まちアーカイブ」がこの地で増えていったらよいな、それを可能にするポテンシャルを奥多摩というエリアは持っているのではないかな、と思っています。

体系をなす蔵書とブックライフのコレクション

出版分野に関して言うと、千三百冊を超える雑誌の創刊号コレクションもあります。一九八五年から一九九四年、一九九七年から一九九九年と、まさに雑誌の黄金期にそれらは集められたものです。年代別にデータベースをつくっていますが、まだ箱に入ったまま保管されていて、どのように公開していくかは今後の課題となります。雑誌は捨てられてしまうことが多く、創刊号をこれだけまとまって見られる場所はそんなにありません。図書館でも閉架の場合が多く、気楽に閲覧できませんが、ここでは実際に本にふれて、重さや紙質、肌触りまでも味わえます。現物を手にするというのは、デジタル資料からは得られない、多くの情報を享受できるということ。そういう「現物の」アーカイブの役割を担う奥多摩を、ぜひ「奥多摩ブックフィールド」を拠点に広げていきたい。「校舎全部を使っていい」と言われれば喜んで使わせていただきます。スペースの問題の解決は、個人では限界があります。そのあたりは行政との連携なども考えていかなければならないのではないか、と思っています。

今月は「奥多摩ブックフィールド」をギャラリー仕立てにして「こじらせ系ブックラバーの迷走コレクション」と題して、「本屋のトート（バッグ）」を百種類ほど展示しています。もともとは本屋で掛けてもらうカバーを集めていて、書皮友好協会という団体に入って交換会なども参加しています。ちなみに、今年の交換会はこの旧職員室で行うことになっています。本屋

「世界の本屋さんのトートバッグ展」会場風景

さんのカバーを「書皮」と呼び始めたのは我々で、最近、「書皮」が「本屋のカバー」という意味で辞書に載り、我々の三十年以上の活動が認められた思いです。「本屋のトート」のコレクションは、書皮蒐集の延長上にあります。

常設では、本棚一棹を使って、本を読んでいる人の絵やオブジェ、本の形をしたパッケージのコレクションを展示しています。お菓子や、グッズなど本の形をしたパッケージを見つけるたびに買い集め、ここではあたかも本の如く二百点くらい並べてあります。本だけではなくブックライフ、本の周辺グッズなどに出会える場は、日本でも稀なのではないでしょうか。そのコレクション関連では、最近『FAKE BOOKS』という洋書を見つけて、感動しました。本の形をした入れ物（タバコ入れやお酒入れ）は、英語では「フェイクブック」「ダミーブック」と呼ばれるようで、それらだけで図鑑のようにまとめられ一冊の本になっています。これはスイスで出版されたもので、ドイツ語と英語の二カ国表記、ハードカバー仕様の豪華なつくりです。世界中には、同じようなコレクションを行っている人がいるのだなぁ、と我が意を強くしました。

「奥多摩」を、知と心の拠りどころに

「全日本壁面総本棚化計画」を提唱してから三十年近くになります。日本をブックライフが充実した国にするには、壁面をすべて本棚にすべきだ、という主張です。たとえば住宅メーカーは、最初から壁に全部本棚が付いている家を建てるべきなのです。「本が売れない」というのは、本が置けないということも一因なので、大手出版社は分譲住宅で、本棚しかない家を売るべきなのです。

「書物なき部屋は、魂なき肉体の如し」と、昔の偉い人の格言があります。そういう魂のない肉体ばかりが都心に蔓延っていても困るので、東京の最西端の良心として、「奥多摩」を心の拠りどころにしていきたいと思います。同好の士が増えていけば、「知」も集積できるのではないか、とも期待しています。場所と本棚さえあれば、大丈夫です。本の整理は毎週私が参上しますので、メンテナンスも完璧です。

「奥多摩ブックフィールド」は三月から十一月まで原則第一土曜日に開室しています。また、イベント開催時にも臨時に開室しています。閉室時でも、ひっそり一人で来て本の整理をしていたりします。最近は、定期開室時に何組かお客さまがいらっしゃることも増えました。イベント開催時には三十人近い方が、遠路はるばるお越しくださることもあります。冬場は十二月から二月までは水道が凍ってしまいますので閉めていますが、定時開室以外でも、できるだけ開室日を増やしていきたいと思います。いろいろな方のご協力をいただきながら、その輪を広げて、この奥多摩を盛り上げていきたいと思います。

専門家の蔵書活用について考える

力徳裕子
奥多摩ブックフィールドメンバー

行き先のない専門家の蔵書

「奥多摩ブックフィールド」とのご縁は、礒井純充さんが二〇一〇年にこの場所を見に来られた話を、旧来の知人である、まちライブラリーの里形玲子さんから聞いたことがきっかけです。

私自身、ドイツ文学者である父が東京大学で、教鞭を執っていたこともあり、相当量の蔵書がある環境で育ちました。また、父の同僚で、同じくドイツ文学者の先生が、今から三十五年ぐらい前に亡くなられたのですが、ご遺族の方から「蔵書を活かしてほしい」とずっと言われていました。父は数十年前から、こういった、行き先のない蔵書を活用してほしいと、学会や勤務している大学の図書館に相談していたのですが、「（文学）本は不要、つまり学生の関心が本に向かない（学生を呼べない）ので、受け入れは難しいです」と断られ続けていました。父や先生方の思いを引き継いだ私も、都内だけでなく、本とゆかりがある地方自治体、北は北海道から南は沖縄方面まで、いろいろなところに相談したのですが、なかなか御縁がつながりませんでした。

礒井さんの話を聞いた二〇一一年当時は、震災もあり、タイミングが合わず話が頓挫したのですが、二〇一八年の春に、里形さんから再度現地を見に行かないかとお誘いを受けて足を運びました。本の受け入れを断られ続けてきた経緯から、半ば諦めかけていたのですが、実際に現地に来て、この恵まれた環境を見て、一緒にやれる仲間もいて、「これはいけるのではないか」と思いました。

ここは都心から公共交通機関を乗り継いで無理なく来られる「東京の里山」みたいな場所です。学者だけでなく専門家の本を活かす場としては抜群の環境なのではないでしょうか。さまざまな場所へ実際に足を運び、断られ続けてきたからこそ、この場所の「可能性」に私自身も気づくことができました。本も「地産地消」ではないですが、やはり実生活圏で活かせるほうがより良いように思います。

こうして、「奥多摩ブックフィールド」開校の話が、二〇一八年四月から動き出しました。前述した三十五年前に亡くなった先生の奥様が、いつか話が動き出したときにすぐ移動できるようにと、数年前から、ご自身で少しずつ蔵書を段ボールに詰め込んでくださっていました。冊数は、当初聞いていた二千冊ではなく、実際は三千冊以上あり、蔵書を梱包した二百箱以上の段ボールを、六月末、日通さんの二トン車二台で一気に運び込みました。

実は職員室に搬入した後、我々の話を聞いて共感してくださった日通のドライバーさんが、「段ボール、よかったら僕たちが持って帰りましょうか」とご提案くださったのです。「えっ、これから全部開けるの⁉」と一瞬ひるんだのですが、有難くご厚意に甘えて、総力戦で開梱することになりました。兎に角、一気に開梱していったので、分類はめちゃくちゃになったのですが、それから毎週末ここに通い、必死に整理して、八月中旬、地域のお祭りの際に、「奥多摩ブックフィールド」（図書館）オープンにこぎ着けることができました。

知の体系を活かす

私は大学で働いており、父も文学者なので、身近に専門家の蔵書の行く末を案じている方々が大勢います。やはり専門家の蔵書は一種の知識の体系を成していますので、できればある程度まとめて置いて、実際に手に取れて、本の手触りや匂いを感じてもらえる環境が望ましいと思います。

前述したドイツ文学の先生は、十九世紀のドイツ・リートがご専門で、蔵書は美学や音楽に関するものが多いです。その蔵書の中から、チェコの劇作家が書いた台本が見つかりました。ボロボロなのですが、かなり貴重な資料で、先生がご存命中にドイツで購入されたもののようです。台本の中には、当時ドイツで実際に演じた舞台の写真も挟まっていました。蔵書を分類していく過程で、このような貴重な資料と出会うこともあります。

それ以外にも、坪内逍遥が翻訳したシェイクスピア・シリーズも出てきました。出版は明治期です。こういった古い時代の本、例えば物資がなく混ぜ物をして工夫してつくられた紙の、ザラっとした質感であるとか、古いインクの匂いだとか、「時代の変遷」を実際に体感することは、実はとっても大切だと思います。

この秋、とある文学者の蔵書を蓼科からここに移し、その先生の研究分野の一つである、ドイツと日本の笑いに関する蔵書や資料を一式配架しました。一つの研究成果に至るまでのさまざまな本や資料を一覧できます。その中には、明治後期に出版された落語の本もあります。

もちろん洋書もあります。古い洋書はカリグラフィーで書かれていてまったく解読できないのですが、その昔、さまざまな人たちの手を経て一冊の本が編まれ、紐解かれてきた。それが時代を超えて今、ここにある。それらを実際に手に取れるということは、実はすごく文化的といいますか、「知の体系を活かす」そのものなのではないかと。子どもたちにとっても、いろいろ感じるものがあるのではないでしょうか。

奥多摩で心と体のチューニングを

都心から気軽に来られるこういう場所に、さまざまな拠点が増えていけばいいなと思います。例えばアートについてだったら、作品があって、関連する本があって、そんな拠点が点在していくと素敵ですよね。

今、専門家の蔵書活用を活かす場として、この図書館を展開させていただいていますが、やはり「学校と本」は、とても相性がいい。

「オントロジー」と言いますか、「書物」は、森の木と水でつくった紙に、人が文字を刻むことで成立しています。「書物」は風景と密接に関係していて、ここにはそれらがあります。実際に足を運んで、空気を感じて、本の世界に遊ぶ。非日常な時間の中で、心も身体もチューニングして、また日常に戻ってゆく。そんな場所になっていけばいいなと思っています。

アートと本

吉田茂治
奥多摩ブックフィールドメンバー

図録の奥深い世界

私は二十年ほど複数の美術系出版社で営業や制作をやっておりました。ここには、展覧会の図録をメインに置かせていただいています。展覧会の図録は重いので、皆さん、作品は見るのですけれども、図録まで購入することはあまりないような気がします。値段も二、三千円と比較的高価なためかもしれません。

私は在職中、展覧会を年間二百展ぐらいは回っていて、図録は必ず買うようにしていました。それがだんだん自宅に置ききれなくなって、どうしようかなというときに、どむかさんから「いい場所があるよ」とお誘いいただきました。

先日、本の雑誌社さんから、『絶景本棚2』という本が出ました。出版業界に関わる作家や、いろいろな人の本棚を紹介した中に私の棚も紹介されていて、自宅の本棚の一部が紹介されています。どんどん増えて、入れ替えをしているのですが、常時五百冊ほどあります。

展覧会の図録は基本的には買うのですが、私なりに基準を設けています。まずは装丁が凝っているか、あとアーカイブとしてももちろん大事なので、資料的価値があるかどうかということも基準に購入しています。展覧会の図録は、そのときその場所でしか買えないものが多いです。最近だと図録兼書籍といって展覧会が終わったあとでも一般の書店やアマゾンで購入できるケースもありますが、やはりその期間にしか買えないものを中心に買っています。

展覧会で図録を買う人の割合は、一般的に西洋美術、ゴッホ展、ルノワール展、印象派展とか、そういうものでだいたい五パーセントから七パーセント。日本美術で十パーセント前後といわれています。十万人入れば一万冊ぐらい売れる計算です。

ここ最近で最も売れた展覧会の図録が、なんと五十パーセント、二人に一人が買った展覧会がありました。二位は伊藤若冲展で三十三パーセント。三人に一人。何だと思いますか？

いちばん売れた展覧会は、永青文庫で二〇一五年に開催された春画展です。

図録は買う前にパラパラめくって内容を確認して買うケースが多いですが、春画展は一切中身を見られない。とにかく完全にシュリンクして、袋も色つきにして、見えないようにして持って帰らせるようにという指導が警察からあったそうです。

二〇一六年に開催された伊藤若冲展が三十三パーセントです。パーセンテージだけだと若冲展が低く思えますが、若冲展は四十五万人入りましたから、三十三パーセントで十五万冊売れている。十五万冊は美術書としては考えられないぐらいの数です。先ほど図録は高いと言いましたが、一般の出版社では二、三千円の図録兼書籍は絶対につくれません。

買い逃した図録は、古本で高値が付いてしまったりする。二、三千円だったものが何万円もして、手に入らなくなったりするので、こういった本もつくっていた私としては、なるべく、展覧会の図録は重いし少々高いかもしれないですが、気に入ったら買ったほうがいいと言いたい。ただ置く場所には注意してくださいね、ということです。

奥多摩ならではの可能性

展覧会の図録も、一般の本でもそうですが、失われつつある技術の一つとして、活版印刷があります。昔はそれこそ活版印刷ができる印刷所は、東京にいくらでもありました。今は二、三カ所です。それらもたぶん後継者がいないので、近いうちになくなるでしょう。

その一方で、新しい製本技術もできているのですが、果たしてこの製本技術が十年後、二十年後にちゃんとした形で残っているか。それについては検証できていないのです。その点、アーカイブを見てもわかるとおり、昔の本はちゃんと残っているということは、技術がしっかりしているということだと思います。

先ほど図録でいちばん売れたのは春画展だといいました。春画も結局、今残っているのは、本当に限られた人たちの秘蔵のコレクションです。個人のコレクションなのです。それをずっとコソコソ集めに集めて、やっと日の目を浴びて、「ああ、こんな文化があったんだ」と評価されている。浮世絵全般にいえることですが、そういうことにあとから気づいてももう手遅れという場合があるのです。そうすると、あのとき残しておけばよかった、となる。私の世代だと子どもの頃は、キン消し（キン肉マン消しゴム）をいっぱい集めていましたが、あるとき、どこかで捨てたりして、大人になるにつれて失っていってしまう。そういうものをずっと地道に残して、アーカイブしてどこかで見られる場所をつくるというのは本当に大事だと思います。

多摩地域は画家の方とかアーティストの方がけっこう多く住んでいるのです。美術系の大学が多いということもあって、そのまま学生が卒業してからも定着する。鍬柄大気さんもおっしゃっていましたが、自分たちの作品を置く場所に困ったり、アイデアをインプットをする環境がほしくなったりして、行き詰まっている人がけっこういるのです。中にはやめてしまう人もいるので、奥多摩をそういう人の受け皿としても使ってもらえれば文化的に活用できると思います。「山のまちライブラリー＠奥多摩ブックフィールド」についていえば、もう少し幅広い年代の方が利用できるような、品揃えというか、棚にできればいいなと思っています。

新たな本の名所に

清田義昭
出版ニュース社 元代表

「奥多摩ブックフィールド」というネーミングはすごくいいと思います。去年の春に初めて奥多摩に来たときに入った食堂で、「ここに『奥多摩ブックフィールド』というものができて、本のまちになるよ」という話をしたのです。すると店主が、「本当ですか、いつできるのですか?」と聞いてきました。「そういうことを目指している人がいて、私たちも実はそこに参加しようとしているんだ」と答えると、「いやあ、そうなると奥多摩は一層、魅力あるまちになりますね」と期待されていました。このときに、やはり奥多摩の人たちもそういう変化を望んでおられるのだと感じました。確かに東京の端ではありますが、旧小河内小学校の木造校舎全体を本で埋め尽くすようなことになったら、私は「奥多摩ブックフィールド」は、本当に新たな東京の名所になると思います。

「出版ニュース社」アーカイブ

トークイベントを終えて

礒井純充
まちライブラリー提唱者

皆さんのお話を聞いて、奥多摩の自然とスペースが大事だということがわかってきました。十年前来たときに、なんとなく漠然としていた奥多摩のイメージが、ちょっとずつ収斂してきて、「奥多摩ブックフィールド」を使い始めてから、こういうものの大事さ、しかもそれが同じ東京にあることのバランスの良さを改めて感じています。

私にとっての奥多摩は、癒しだったのだと思います。癒されるとはどういうことかというと、調律するときの音叉のようなものではないか。都心で朝から晩までずっと働いて終電で帰るような生活をしていると、どこかで心の均衡点が崩れてしまう。奥多摩の豊かな自然の中で調律すると、そこから創発力というか、想像力が湧いてくるような気がしてしょうがないのです。私は本を書くときにはいつも、奥多摩であとがきを書くようにしています。そういう意味で、調律しやすいところを持つことは大事です。

「まちライブラリー@奥多摩ブックフィールド」で集めた蔵書を見て思うことは、日本の社会では個人の収蔵物があまり大事にされないということです。公というか役所が集めたもののほうが大事だと思いがちなのですが、浮世絵の例のように、後世に残っているものは個人の収蔵物のほうが多いのです。したがって個人の収集物を集めていくことは、社会的にも文化的にも意義があるのではないか。本に限らず奥多摩でそうした動きがうまくいけば、常態的にツーリズムとして活かされるのではないでしょうか。

出版は東京の地場産業だともいえます。神田に書店街があったり、文京区に印刷屋がたくさんあったりする。そうした産業形成の一端に、アーカイブするグループがあってもいいのではないか。奥多摩で本の集積密度を上げていけばいい。

文化的な匂いがしてくると、クリエイティブ系の人たちが奥多摩に移り住んでくるのではないか。それは奥多摩が、アクティビティだけでなくクリエイティブな側面でも新たにフィーチャーされて、まちのブランド力が上がり、さらにそこに住んでみたい、行ってみたいという動きにつながると思うのです。

「おくてん」の次のテーマとして、移り住む楽しみとか、あるいは定住までいかなくても週末だけ来るとか、いろいろなスタイルの受け皿を鋤柄大気さんがやってくれるといいなと思っています。私も奥多摩に個性的な蔵書を持つまちライブラリーを増やしてみたいと思います。「おくてん」と連携しながら、いろいろなテーマの場所がこの奥多摩のまちの中に点在していって、将来的には歩いて回るようなツアーができると非常に面白いと思います。

まだまだ話し足りないこともあるかと思いますが、これで、奥多摩からのネットでのフォー

「山のまちライブラリー@奥多摩ブックフィールド」でのイベント風景

ラムを終えたいと思います。ぜひ奥多摩に来ていただいて、奥多摩でお話ししましょう。

第3章　マイクロ・ライブラリーの現在

二〇二〇年九月二十七日

「マイクロ・ライブラリーサミット」レクチャー

1　中国のマイクロ・ライブラリー事情

長塚 隆
鶴見大学名誉教授

中国では近代化・都市化が急速に進み、旧来からの地域社会は大きく変貌し、公共図書館は新しい事態への対応を迫られています。今日は日本の国内ではまだあまり知られていない、中国の地域社会での新たな取り組みである中国版のマイクロ・ライブラリーともいえる「公共読書空間」の取り組みについて紹介します。

現在、世界中で新型コロナウイルス感染症が拡大し、そのような中で図書館やマイクロ・ライブラリーとしてのまちライブラリーはどのように対応して行けば良いのかが、今大きく問われています。中国でどのような工夫をしているのかを紹介することで、日本での取り組みの参考になることを期待しています。

オンライン参加者の皆さまへのウェブアンケートでは、中国を訪問されたことがある方は多いようですが、中国の公共図書館や公共読書空間を訪問された方はそれほど多くないようですので、それを踏まえて話を進めていきたいと思います。

図書館と公共読書空間

日本の中では中国の公共図書館はまだ後れているのではというイメージを持たれている方もおありかと思いますが、近年は都市部では日本よりも規模の大きな充実した図書館がいくつも建築されています。中国では文化的な都市を実現するために、博物館、美術館、図書館などの文化的な施設を充実させる取り組みがなされています。中国の大都市では図書館、美術館、博物館などの施設を一カ所に集めた大きな文化センター地区を新設しているところも多くあります。

文化センター地区には大きな図書館が建築されており、そこは家族で行ったときにも、さまざまな関心に対応できるように多面的な機能を備えた施設になっています。ただし、そのような大きな施設は数が限られていますので、都市住民にとって必ずしも利便性が高いとは限りません。そのため、自分の住んでいる場所の近くに開設してほしいという要望も多く、地域ごとにマイクロ・ライブラリーでもある「公共読書（閲読）空間」という新たな場を増やす取り組みがなされています。

中国の公共図書館と関連施設の全体的な関係を表に示しました。中国では公共図書館は、日本の都市部の中央図書館や本館と呼ばれる広域の大きな図書館に該当します。このほかに都市部には多くの小さな街道図書館や社区図書館などがありますが、こちらは統計上の公共図書館には含まれていません。今日お話しする、新しくつくられている「公共読書空間」も都市部を中心にしたものです。

「公共読書空間」は読書空間と公共空間が重なった場ということで、いわゆる図書館なども含まれますが、多くの場合には新たな「公共読書空間」の創造を目指したものです。実際には、新たな「公共読書空間」の呼び名は、各都市などでそれぞれ特徴のある名称を付けています。

	行政区分	図書館
広域	国	国家図書館
広域	省／直辖市／自治区	省／直辖市／自治区図書館
広域	市／区	市／区立図書館
広域	県	县立図書館
狭域	都市部	街道図書館
狭域	都市部	社区図書館
狭域	都市部	図書获取（受取）点
狭域	都市部	24 小時自助図書館
狭域	都市部	公共閲読空間
狭域	村落部	乡镇（町）図書館
狭域	村落部	农村（農村）図書室
狭域	村落部	流动（移動）図書館

表　中国の公共図書館と関連施設

例えば、北京市中心部にある西城区では新たな「公共読書空間」のことを「特別読書空間」と呼んでいます。西城区の「特別読書空間」は、ＮＰＯや書店、企業を自治体が支援する形で取り組まれており、資金面も支援しています。そのほかに個人や団体で独自にやっているマイクロ・ライブラリーや個人が設立した私立図書館などもあります。

中国の公共図書館および関連施設と読書環境

中国ではインターネットの普及もあり国民の読書率が二〇〇〇年くらいから急速に低下しました。そのため、二〇〇三年頃から中国の図書館学会などが中心になって、国を挙げて読書の推進が図られ、近年は読書率が向上してきました。読書率の向上にはスマートフォンなどで読めるデジタル書籍・デジタル新聞などの普及が貢献しているようです。

中国の図書館の中心である国家図書館は北京市にあり、書籍数では日本の国立国会図書館と同じくらいですが、建物の面積は倍近くある大規模図書館です。国家図書館は日本の国立国会図書館と定期的な交流をしています。国家図書館の館内には大読書室（写真A－左）があり、何千人もの人が同時に利用できます。国家図書館として書籍や資料のデジタル化に力を入れており、館内にはデジタル新聞や電子雑誌を読むことができる大きなディスプレイが多数配置してあります。中国では地域の図書館でもデジタル新聞などのための大型ディスプレイが多く配置されています。

北京市にある首都図書館（写真A－右）は、日本の都立中央図書館に相当します。こちらも非常に大きな建物です。今は新型コロナウイルス感染症で利用が制約されていますが、それ以前には一日に約二万人の利用者がいました。青少年や児童を対象とした図書館が充実していることも大きな特徴になっています。また、館内には本の貸出・返却のために自動貸出・返却

写真A　北京市にある国家図書館(左)と首都図書館（右）

機が多数配置されています。

故宮に隣接する北京市西城区図書館には、環境に配慮して飲料のペットボトルなどの回収ボックスが設置してありますし、翻訳された日本の漫画やコミックも多く配架されています。各区の図書館には図書の自動貸出・返却機や図書館の利用者カード自動作成機などが普及しています。また、青少年の教育に配慮して、一般の図書館とは別にそれぞれの区で青少年児童図書館が設置されているのも特徴の一つです。

自動販売機と同じように二十四時間いつでも貸出や返却ができる「自助図書館」も街角に配置されています。このようなサイズの自助図書館で扱う本は、日常的に使うもの、健康などに関するもの、辞典類などが多いようです。自助図書館には、自動販売機サイズの小規模なものから、図書館の一部が二十四時間ずっと出入りできる大規模なものまであります。

さらに地域の地区センターには街道図書館や社区図書

館と呼ばれる小さな図書室が設置されています。地区センターには一般的に入り口のところに受付があり、館内には図書室のほかに、書道や絵画教室のスペース、スポーツジムなどのトレーニングルーム、ダンス教室などいろいろな施設があります。従来からの街道図書館や社区図書館は、若い人や地域の人の新しい要望にうまく適合できなくなってきているようです。少数の年配の方が新聞を読みに来るくらいで、利用者が減ってしまったところもあり、時代に合った魅力のある図書館にどのようにして変えていくかが大きな課題になっているようです。中国の公共図書館数は約三千館で日本の公共図書館数と同じくらいですが、この公共図書館数には地域に多数ある街道図書館や社区図書館などは含まれていませんから、比較するには注意が必要です。

多様な「公共読書空間」

公共読書空間と北京市西城区の「特別読書空間（特色閲読空間）」の関係を図に示しました。北京市西城区での新たな「公共読書空間」は、二〇〇〇年代の読書率の急激な低下に直面して、身近なところにもっと多くの読書ができる場が必要なのではないかということで取り組みが始まりました。西城区では「特別読書空間」の名称で多くの公共読書空間が創設されました。

故宮の西に隣接する西城区は人口約百二十万で、区内に約三十の特別読書空間があります。

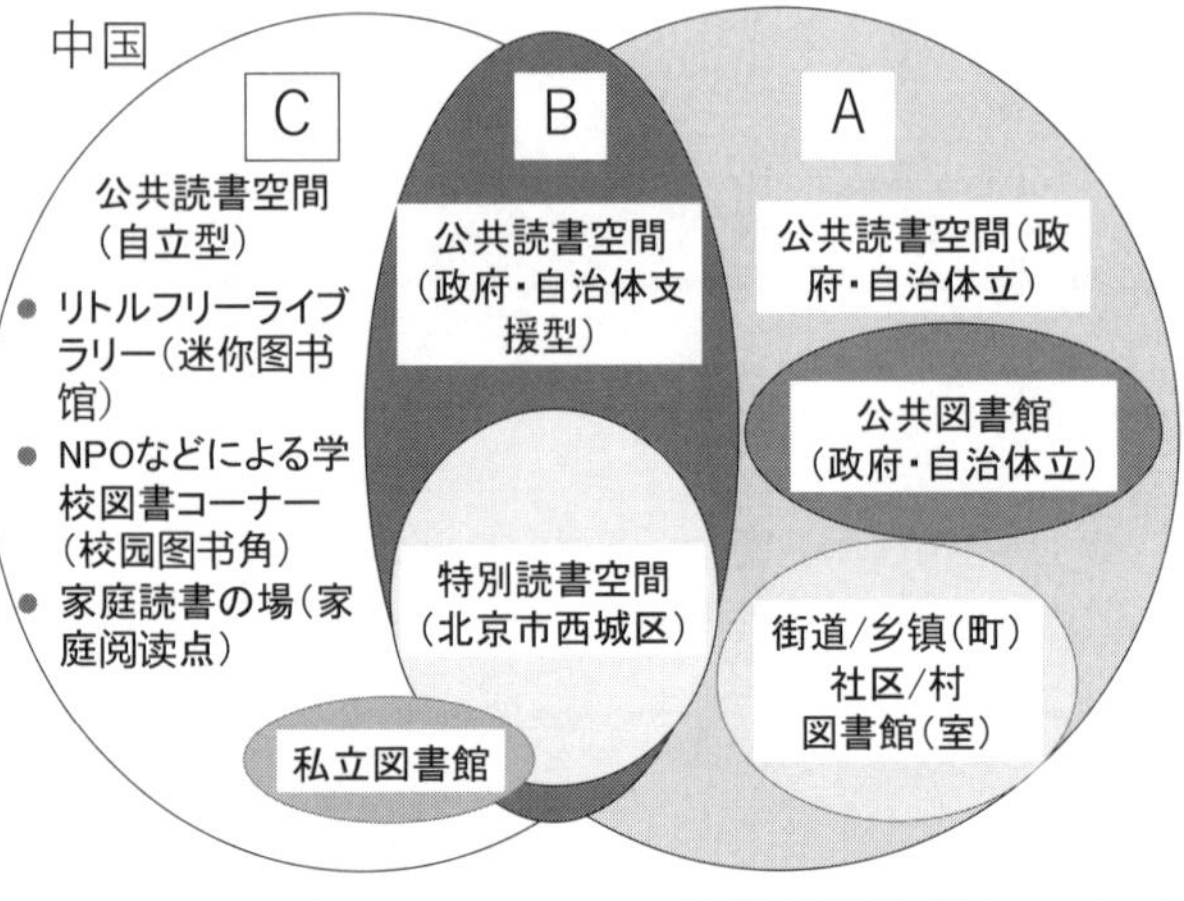

注）括弧内は、日本語にない名称を中国語簡体字のまま表記

図　公共読書空間と北京市西城区の「特別読書空間」の関係図

特別読書空間として最初に創立された「磚読空間」（写真B）は区が所有する古い史跡である四合院の跡地を民営の書店が運営しています。本は図書館のように借りられる本と、書店が販売している本の両方が置いてあります。喫茶コーナーもあり、史跡を楽しみながらリラックスして読書ができます。「磚読空間」は書店と区の協力で成り立っています。「宣阳驿站」（写真C）は、昔は人馬の宿泊施設を意味し、今は人が集まる公共のところに広く使われる「驿站」を名称にしています。教育関連の書店と区が提携して会員制で運営されています。児童の教育やゲーム、大人のための各種講座などを開催しています。ここでは、会員が自由に利用できる書籍と、ゲームなど販売しているものの両方を扱っています。

写真Ｂ　北京市西城区にある四合院跡の特別読書空間「磚読空間」

写真Ｃ　「宣阳驿站」の正面入口（左）と児童の学習コーナー（右）

別のタイプの読書空間に「白云驿站阅读空间」（写真Ｄ）があります。ここも区の施設を改築して開設されました。ここでは園芸とか植物を中心にして、緑に親しむ講座などを開催しています。今はコロナ禍ということで、ゴミの分別のオンライン講座などをリモートで行うなど工夫をしながら活動を続けています（https://www.bjxch.gov.cn/xcdt/xxxq/pnidpv817714.html より）。

　また、銀行と提携して、銀行の中に特別読書空間がつくられています。そこでは、い

写真Ｄ　「白云驿站阅读空间」の読書コーナー（左）と川を望む喫茶コーナー（右）

写真Ｅ　「广内街道综合文化中心」の「特別読書空間」の入り口（左）と児童コーナー（右）

ろいろな催しや講座をやったり、待ち時間に本を読んだりできるようになっています。

　西城区の多くの特別読書空間には公共図書館から書籍が提供されています。書籍の貸出用端末も設置されていますので、公共図書館と同じように本の貸し借りができます。利用者は多くの特別読書空間で、公共図書館のカードを使って書籍を自由に借り、公共図書館で借りた本を返却することができます。特別読書空間は公共図書館と連携してサービスを提供しているのです。

广内街道综合文化中心（公共図書館）（写真E）の中にＮＰＯと共同して「特別読書空間」が新設されています。ここは著名な文化人が設立したＮＰＯと図書館が共同して運営にあたっています。書籍が自由に読めますし、地域の文化や児童書などの書籍や文房具など購入できるものも置かれています。公共図書館のシステムが導入されており、公共図書館の機能の一部が身近なところに延長されたといえます。

上海の南方にある温州市では公共読書空間を「城市书房（まちにある書斎）」と呼んでいます。温州市の人口は約九百万人で、約八十の「城市书房」があります。コロナ感染拡大時にはマスクの着用などを義務付け、感染がさらに拡大しないように人数制限をして開館していました（https://mp.weixin.qq.com/s/-1B6R87LWNFnNvpzoD3whwより）。

オフィスビルに設置された公共読書空間では、仕事の打ち合わせに使用もでき、地域の人だけではなく職場の人も利用できる本がある空間になっています。これらの空間は公共図書館のシステムと連動していますから、本の貸し借りもスムーズです。

北京市西城区の「特別読書空間」は、区からの財政的な支援がされていますので、評価基準を作成して委員会で定期的に評価が行われています。

日本と中国での共通課題と今後の可能性

中国では、多くの人に利用してもらうため家族みんなで休日に利用できる場所として、大規模な公共図書館が大都市を中心に新設されています。市民の要望はさらに多様になっていますので、従来の公共図書館サービスでは満足できないケースも増えています。現代の要望に合った魅力的なものにするには、本だけでなく、多様な情報や交流の場を提供できる。コミュニティセンターとして機能する場につくり変えることが大きな課題となっています。

特別読書空間のように、コミュニティの近くに本のある場所を設置する新たな試みが、一定の成果を上げているといえます。

もちろん、自治体の力だけで全部を実施することはできませんので、企業やNPOなどの団体と提携をしながら、新しい在り方、地域に密着した在り方を模索しています。

日本とはさまざまな条件が異なりますので、中国の特別読書空間などの試みも参考にしながら、日本でどのように新たな環境に対応した組織やサービスの在り方を探求していくかが、今後の大きな課題ではないかと思います。特にコロナ禍におけるリモートサービスが広がる中で、今後、リモートサービスをどのように位置づけて継続すればよいのかが鍵になるでしょう。日本と中国ではさまざまな相違点がありますが、お互いに学び合える点はあると思います。

スマートフォンや携帯端末で本や雑誌を読んだりする人の比率が高くなり、新聞も電子新聞に移行している情報環境の中で、これからのデジタル情報環境とうまく適合した「まちライブラリー」をどのように創造していくかの工夫が求められていると思います。社会全体のデジタル情報環境への変化が進む中で、まちライブラリーの今後の新たな展開を期待しています。

参考資料

『挑戦する公共図書館：デジタル化が加速する世界の図書館とこれからの日本』長塚隆著　日外アソシエーツ

『デジタル環境と図書館の未来：これからの図書館に求められるもの』細野公男・長塚隆著　日外アソシエーツ

2　まちライブラリーの十年

礒井純充
まちライブラリー提唱者

二〇一〇年に「『まち塾@まちライブラリー』というものを始めるよ」と私が提案し、ほそぼそと実験的な試みを続けてきて約十年が経ちました。マイクロ・ライブラリーないしはまちライブラリーのこれまでの歩みについて皆さんと共有しながら、これからの活動に向けて何かお役に立てばという思いでお話しさせていただきます。

顔の見える関係性を取りもどす

私はまちライブラリーの提唱者ということになっていますが、本業はずっとサラリーマンをしておりまして、今は森記念財団に籍を置いています。二年前に定年退職しているので嘱託という立場です。財団勤務以外に橋爪紳也先生が所長をされております大阪府立大学観光産業戦略研究所の客員研究員としてボランティア活動をしています。まちライブラリーを始める前に、森ビルという会社で、私は文化事業あるいは教育事業に携わってきたのですが、その歩みの中にこの活動のヒントがあったといえるので、そこだけ簡単に触れます。

私はアーク都市塾という事業を担当しており、それがだんだん大きくなって六本木ヒルズのアカデミーヒルズになったということはよく話していますが、地下室で始まった小さな私塾が六本木ヒルズの上階に移動し、どんどん大きくなる段階で、顔の見える関係性が薄れたなと感じたのが、まちライブラリーを始める一つの大きなきっかけになっています。

当時五十二歳だった私は、二十六歳の若者と出会います。彼は限界集落を巡り歩き、出会った人を支えていく中で仲間をつくっていく人でした。そして彼の師匠である早稲田大学の先生とも知り合い、自分自身の夢を語りながら、それをみんなで応援していく場にも参加しました。このお二人に助けられながら、顔の見える関係性を取り戻そうとまちライブラリーに取り組み始めるわけですが、会社の業務ではなく、私の個人的な活動としてスタートしようと決意しました。一人でもやれるのか、個人でも社会の中で何かやれるのかという社会挑戦であり、私個人の挑戦でもあったのです。

始めるにあたって、行政からお金が出るわけでもないし、どこかの企業がスポンサーにつくわけでもないので、まず本の集め方を工夫しました。本にメッセージカードを付けて、みんなで本の読み合いをしながら、お互いにつながりをつくっていきましょうとか、まちのあちこちに広がることによって、いろいろな人の出会えますよねということや、そうした場で小さな学び合いの会ができたらいいねということをお話ししてきました。

小さな力の積み重ね

最初の一歩は、私の出身地である大阪の小さなビルで、たった二十坪ほどのところですが、自分たちで本棚をつくり、そこへ本を持ち込んで、食事を楽しむ会を催しました。本をどんどん集め、八千冊以上になりました。これが「ＩＳまちライブラリー」です。その活動は全国各地で広がりを見せてきました。カフェやお寺、中には公園でピクニックシートを敷いて、本の紹介をすることを「まちライブラリー」と言ったり、歯医者さんなどの病院、自分の耳が聞こえない方がハンディキャップを乗り越えるために始めたカフェでまちライブラリーをやったり、あるいは亡くなられた奥さまの本を使って、家をまちライブラリーにしたり、小学生が学校の廊下に自宅の本を持ってきて、それをいろいろな学年の子に貸し出しするまちライブラリーであったり、あるいは自宅の前でやったりと、いろいろなバリエーションが十年の間に生まれました。

公共図書館ともいろいろな形で重なり合いがありました。伊丹市立図書館は市民の本を持ってくるカエボン部というまちライブラリーや、岐阜市立図書館のように図書館から出て地域の商店街だとか、いろいろなお店にまちライブラリーを広げる活動を、むしろ図書館が中心になってやったりしているところもあります。

「まちライブラリー@大阪府立大学」は四十番目のまちライブラリーです。そのときにマイクロ・ライブラリーという概念ができたり、本を出版したりしました。大阪府立大学のまちライブラリーでは蔵書ゼロ冊からスタートする図書館ということで、市民が一冊一冊寄贈して蔵書が揃っていきました。そのときに考えたのが「植本祭」です。植樹祭をもじって、本を持ってくることによって空っぽの本棚が結果的に図書館になって本を借りていく場所になる、あるいはイベントをする場所になることを目指しました。

植本祭で、私は大きなヒントを得ました。それは、一度に大きなイベントをやるより、小さなイベントをたくさんやったほうが人が集まりやすいし、多様性も生まれるし、それぞれの人の参加感も非常に強いのではないかということです。

大きなイベントで五十人、百人を集めたとします。人は集まるのですが、集まってきた人同士は仲良くなることはなく、コミュニティができない。それに対してまちライブラリーではソーシャルマーケティング型と呼んでいますが、小さな集まりをたくさん行うことで集まった人同士が仲良くなっていく。つまり五十人のイベントをやるより、五人のイベントを十回やったほうが労力もかからないし、お互いの関係性も深まっていくということを、この大阪府立大学のまちライブラリーで気づかされたのです。

本と場所のコラボレーション

現在は、企業との連携においてもいろいろな事例が出てきて、不動産会社がやっている商業施設の中にもまちライブラリーができました。「まちライブラリー@もりのみやキューズモール」は、壁一面に本棚を置いて、奥にはカフェがあって、そしてラジオ局がそこで土曜日だけ放送するという形です。

二〇二〇年三月末、開業から五十九カ月ですが、六千人くらいの人が会員になって、蔵書は一万七千冊以上集まり、貸出数も八万五千冊くらいになりました。五十九カ月で七十一万人の方が来場された。これは年間にすると十四から十五万になります。近くの公共図書館が十三万人くらいですから、それより少し多いという感じです。カフェを利用した人（レジ客数）が十六万八千人くらいで、イベントも千四百回以上やって、一万五千人以上の人が来ている。結局、利用者の多くは本を読んだり、貸し借りをするという日常的な行為の積み重ねだったのです。ここからまちライブラリーというか本が持っている力に気づかされました。

我々はどうしても空間があって、場所があったら、イベントをして、そこへ人をたくさん呼び込むことを考えるのですが、イベントで集まってくるよりずっと多くの人が日常の本の貸し借りで訪れている。これはまちづくりに関わる人間の立場からいうと、目からうろことというか、世の中はこうだったのかという驚きでした。考えてみればそうだなということは、あとから気づかされた問題点です。

中心市街地活性化を担ったまちライブラリーもあります。北海道千歳市の古い元商業施設の中に「まちライブラリー@千歳タウンプラザ」をつくり、そこでは毎月毎月いろいろなアイデアを出す会があって、黒板にやりたいことを貼ると、そのイベントないしやりたいことをみんなで応援していくことをやっています。

行政と組んだものには、東大阪では音楽ホールの中に併設させた「まちライブラリー@東大阪市文化創造館」があります。音楽ホールというのは、演目がない日は人が来ないけれども、まちライブラリーを入れることによってそういうときでも人が来るようにしていこうというのがこの施設の狙いです。

東京の事例ですが、南町田というところで二十ヘクタールを超える敷地に大きな公園地と、商業施設の中間地点に、「スヌーピーミュージアム」とコミュニティセンターがあり、その中に「まちライブラリー@南町田グランベリーパーク」ができました。ここでは公園の木を間伐して本棚や椅子や机にして使っています。このように非常に多岐にわたって、大中小、いろいろな形のまちライブラリーが誕生してきました。

そして、「ブックフェスタ・ジャパン」の元祖となる大阪地区のブックフェスタですが、これが二〇一五年、「まちライブラリー@もりのみやキューズモール」ができたときに始まり、その間、先ほど紹介したような企業や行政と組んだまちライブラリーができて、そして二〇二〇年、コロナ禍での「ブックフェスタ・ジャパン」として「ブックツーリズム」というものを模索しています。私の博士論文もこの年に受理されたということで、私なりの整理を現在行っている最中です。

個の力のしなやかさ

私のいちばんの課題はマイクロ・ライブラリーサミットをやったときに最初に申し上げたと思いますが、個人の力はそんなに微力なのかということです。我々の社会はすごくグローバルになって、一人の力では何もできないと思う人も世の中にたくさん生まれてきているような感じもするし、私自身もそう思ったことも多々ありましたけれども、もっともっと自分たちの力は地域の主役になれるのではないか。それをまちライブラリーという手法を使ってやれないかということを考えてきたわけです。

こうやれば一人でもやっていけそうだという五つのまちライブラリーのルールを考えました。一つ目は小さく個人でやるということ。集団で何かやろうとすると、集団の意見を平均化しなければいけない。平均化していくと、やっぱり自分の意見を抑えなければいけない。それが数人だったらいいのだけれど、数十人、数百人、数千人になると、自分の意見はもう意味がないのではないかとみんな思い始める。ここに無力感の始まりがあるのではないか。

二つ目は本の力はけっこうお互いのつながりにとって、心の扉を開けやすい媒介物だということ。

三つ目は今あるものを使っていくということ。無理に新たな場所を用意せず、今あるカフェ、今ある玄関先、今あるオフィスの片隅を活かす。

四つ目はあえて人を常駐させるのではなく、そもそも運営したり、生活している人が本の貸し借りをしていくということ。

この四つは今までもやっている人がいたのですが、五つ目はこれを緩やかにつなげていくこと。まちライブラリーというのは登録が無料で、ホームページもつくれて、いいことづくめで詐欺なんじゃないかと考える人もいるかもしれません。そうではなくて、この仕組みは次の参加者のためになるのです。だから、その人自身にはメリットはそんなにないかもしれないけれども、ここにこんなものができた、こんな人でもやっているということが伝わることが非常に大事で、カラオケで自分よりちょっと下手な人が歌ってくれるのがいちばん心地よいというのに近い。これも一つの社会的な作法ではないか。程よく下手なのがいいという感じがします。

十年を経て見えてきたこと

本の力を活用した活動であるまちライブラリーは、果たして人の力を引き出すことができたのでしょうか。

まず本当に広がるかどうかというのは十年前にはわかりませんでした。現在、それがどうなっているか。現在八百六カ所あって、九十七カ所閉鎖されている。新規登録数のピークは二〇一六年くらいでそこから少しずつ減っています。今年はコロナもあって少し落ち込んでいます。長期的に見れば減っている傾向にありますが、累計数は上がっていることになります。

全国的に広がりましたが、残念ながら三県だけ、山口県、愛媛県、長崎県にはまだありません。もし今日オンラインで聞いている人がいたら、ぜひやってください。第一号になります。それ以外の県にはだいだいできていますが、大阪府が突出しています。二百二十カ所になっています。二位は兵庫県で百八カ所、東京都は九十一カ所、全部累計値です。よく関西地区に多いと言われるのですが、関西地区でも京都府は二十六カ所くらいで、大阪府とかなり差があります。このあたりの差異の原因が何なのかというのは私もわかりませんが、結果としてこういう状況になっています。

八百カ所できたということは誰でもできるということです。やりたいと思ったらできるということが、まちライブラリーの広がりの要因になっています。私的な場所は九割くらいあって、市役所のホールとか鉄道の駅とか、そういう公共的なところも十パーセントくらいあります。六十二パーセントくらいが個人でやっていて、小規模の団体、任意団体や商店街やＮＰＯ、これが十七パーセントくらい、あと企業が十五パーセント、行政とか図書館が六パーセントくらいです。

この数字は何を意味しているかというと、公共図書館は日本に三千三百館くらいあり、大学図書館が千七百館くらいで、合わせると約五千館あるのですが、本屋がぐんと減っています。かつては二万店舗あった本屋がこの十年、二十年で減少し、現在は一万店舗ほど。さらに減っていく可能性があるのではないか。そうなったときに、歩いていける距離のところに、本に触れられる空間をつくるというのはすごく大事になってくると思います。公共の力でやれればいいのですが、それはなかなか難しい。そうなったときに、我々一人ひとりが自宅前や自分の行きつけの店に本を用意することは意味があるのではないでしょうか。

では、個人の力を社会に投入するにはどうしたらいいのか。これはいろいろな考え方があると思いますが、実態はどうなっているのかということを運営者アンケートから見てみました。

そもそもまちライブラリーを始めたきかっけですが、「講演会などで私の話を聞いて」という人が三十パーセントくらい、「知人や友だちに紹介された」というのが同じく三十パーセントくらい、「既存のまちライブラリーを訪ねて」という人が二十三パーセントくらいで、全体の八割を占めています。身近な人から得た情報がきっかけで始めている人が多いことは間違いない。

始めた理由で最も多いのは「自分の場所や地域を活性化させたかった」ということで、四十パーセントくらいの人がそう考えています。二番目に多い理由は「本が好きだから」ということで二十パーセントくらい、「人が来るようにしたかった」というのが十一パーセントくらいと続きます。場所の活性化を望んでいる人が多く、複数回答になっていますので重なり合っていますが、「本が好きだ」という理由だけで始めているわけではない。

一人でやっている人が四十六パーセントくらいいるのですが、運営の状況を自己評価してもらうと、「自分の運営がうまくいっています」という人は二十五パーセントくらいです。「どちらとも言えない」という人が三分の一、三一三パーセントくらい、否定的というか、「ちょっとうまくいっていないな」という人が四十パーセントを超えるくらいいる。つまり、うまくいっている場所だけではないということもわかった。特に一人でやっている人の否定感が高い。否定的が四十九パーセント、どちらとも言えないが四十パーセントで平均値より高いということです。

これは私の推察ですが、一人でやっていると、孤独感と共にこれでいいのだろうかという気持ちが強くなる。仲間とやっていると、一カ月で十人きたら、まあ、これでよしとしようかと思える。こういうところが原因になっているのではないかと思います。

では、どんな人がうまくいって、どんな人がつまずくのか。つまずきやすい人は、「場づくりを目指している人」。皮肉なのですが、場所をつくってやろうしている人はけっこうしんどい。それから「行政、企業の人」は失敗しやすい。まちライブラリーをつくったらお店が繁盛するんじゃないかとか、成果を求める人も比較的つまずきやすい。行政から支援金を貰うなど、

「仕組みや支援にこだわる人」も難しい。「他人に頼まれてやる」場合も難しい。また、志は高いのですが、「世のため、人のため」という理由で始めると答えを見つけられなくなってしまうように思います。

逆にうまくいきやすい人は、「場づくりを目指していない」「我が事としてやりたいと思っている」「無意識の場をつくっていて楽しい」「楽だ」といった答えを返してくる人が多いです。また、人間関係をかなり多くの人がプラスに評価していて、「人のつながりが増えた」「人間関係が多くなった」という回答もあります。「隣近所との付き合いはあまり変わらない」というのが六割くらいです。本の活動ですから、隣近所とやるというよりもう少し範囲が広いのかもしれません。まちへの愛着もぼちぼちですが、少し増えている人もいるかなという感じがします。面白いのは五割くらいの人が「本業で何か成果を出した」と答えていることです。

ブックツーリズム

結果的に個人の力を引き出すものは何か。これについてはアダム・スミスという人の言葉が教えてくれます。本や詩を繰り返し読んでしまうと、我々はそれを読んでも楽しめなくなる。飽きちゃいますよね。だけど、誰かにそれを読み聞かせると、その人の反応次第で、また喜びが違ってくる。「いい本を紹介してくれてありがとう」とか、「その詩は面白いわね」と言ってくれると高揚感につながって共感を得られやすい"アダム・スミスは自己愛、自己利益の追求、そして「共感」によって社会は支えられていると考えました。人の感情をすごく研究した人なのです。経済学の父とあがめられていますが、私は道徳哲学の先生として注目しています。ここから考えると、まちライブラリーは「共感」とか「我が事」とか、「結果としての利他性」というものに支えられて、今日まで広がってきたのではないかといえるでしょう。

本を置くことによって生まれる、我がまちに、我が場所に、我が居酒屋に私の本棚があるとか、本を寄贈したんだという意識がけっこう大事だということです。小さな図書館の中にいろいろな社会課題を解決する一つのモデルがあるのではないかとも思っています。個人的な活動だとみんなが思っていても、結果的にそれが緩やかに連なっていくと、公の活動にもなっていくのではないでしょうか。

では、我々の活動が地域の力になるのか。これについては、今まさにブックフェスタを通じてブックツーリズムに挑戦している最中です。はっきり言って、なるか、ならないか、まだわかりません。ツーリズムというと、外国から人に来てもらうとか、遠方からの観光客を増やすことをイメージしがちです。ブックツーリズムは、コミュニティ、地域の人が自らの活動を充実させることによって、地域にいろいろな資源を蓄え、その資源に憧れる人を増やして、そこに訪れる人や、あるいは定住を促したりすることをベースに考えます。グリーンツーリズムなどに近く、本を使うという意味でブックツーリズムと呼んでいます。

これを達成するために、気をつけたほうがいいのではないかという視点を用意しました。とにかく融通性が大事で、計画的にやると、けっこう失敗してしまう。なぜ行政や企業が失敗しやすいかというと、これは年度予算で決まっていますからとか、三カ年計画だからといって始めるからです。世の中どんどん変わるので、変幻自在に変えていくということが大事です。

あっちのまちで成功しているから、ここでも成功するなんてあり得ないので、あなたにしかできないことをやったほうがいいし、我々の個別性を大事にしなければいけません。イベントより日常の活動が大事です。たまに人が来るよりも毎日一人でも二人でも来てもらうことを大切にする。互いの連携が非常に重要なので、双方向性を大事にしましょう。

人をつなげる一つのアイテムが、本だと私は思っています。散歩の事例でいうと、チワワを連れた人が来て、「かわいいチワワだね」と声をかけたらまったく知らない人同士でも話ができるけれど、もし、高校生が向こうから歩いてきて、私が、「まあ、かわいい」などと話しかけたら、警察に通報されかねません。つまり、ここにイヌがいるかいないかはすごく大事なのです。このイヌが私の場合、本だということです。これを大事なポイントにしていただくということがまちライブラリーの役割かなと思っています。

第4章　マイクロ・ライブラリーサミット2020
（小さな図書館全国大会）

二〇二〇年九月二十七日　各地からオンライン発表

コミュニティセンターでまちライブラリーを楽しむ

なんぶまちライブラリー（大阪府守口市）

福山京子
守口市南部エリアコミュニティセンター
まちライブラリー担当

コミュニティセンターとしてスタートしたのは二〇一八年度で、今年三年目を迎えます。守口市から委託を受けた指定管理者・アクティオ株式会社が運営の中心となっています。スタート当初から南部公民館と三郷公民館の図書を引き継ぎ、閲覧室に図書を配置しています。キッズコーナーには、児童書や子どもの絵本などもあります。しかし、現在コミュニティセンターでは、それらの蔵書は貸し出しせず、閲覧だけになっています。公民館から引き継いだときに、この地域では図書室の必要性はないだろうという声があり、貸し出しができなくなったという背景があります。

ところが前年度四月に勤め始めた頃、来館者の方々から本を借りたいという多くの声がありました。そうした多くの声を受け、アクティオ株式会社からまちライブラリーを利用したらどうかと提案がありました。そこで守口市南部エリアコミュニティセンターとしてまちライブラリーに参加することになり、引き続き担当しています。

現在、閲覧室の図書は貸し出しできませんが、寄贈本のまちライブラリーでは本を借りられるという形になっています。それが利用者の方にも少しずつ浸透してきました。

コミュニティセンター入り口の一角に設置した本棚に、たくさんの寄贈本を置いています。二〇二〇年九月現在、まちライブラリーの蔵書は九百冊を超え、利用者も百名近くに増えてきました。

寄贈本の募集チラシを六月頃から掲示し、利用者の皆さんにお声を掛けさせていただいたところ、少しずつ本を持ってきてくださる方が増えました。窓口で受け取ると、利用者の方が「いや、この本は、実は……」という話をちょっとしてくれます。たとえば、「学生のときにすごく歴史が好きで、歴史の本をいっぱい集めてね、松本清張の本から司馬遼太郎のシリーズまでいっぱい持ってたんねん」と言って、たくさん寄贈してくれました。そのときにお気に入りの作家や小説の話が膨らむ。私も幸いなことに本が好きなので、その方たちとブックトークで盛り上がります。

また、「夏目漱石の小説に若いときに出会って、その本が欲しかったのでお金を貯め、レトロな表装をしたものをあえてお金かけて買った全集があんねんけど。家に置いてたらもったいないし、手に取ってその表装から中身まで見てほしいねん」と言って、全集をまとめて持ってきてくださった方もいました。大阪で有名な古書を扱うお店などに持っていかれたらもっと価値があるのにと思うのですが、わざわざ持ってきていただきました。

リタイアされて人生の断捨離をするにあたり「本がたくさんあるから持っていっていいかな。手放すのもすごくもったいないねんけど、みんなに読んでもらえたら嬉しいな」というようなお声もいただき、世界史や事典シリーズを大量に寄贈していただきました。

実際嬉しい悲鳴で、「本棚を増やさなあかんな、スペースがないからどうしようかな」という悩みが出てきています。いろいろな本を介し、スタッフと利用者の皆さんが交流できるようになってきました。それが今、私がとても楽しく感じていることです。

利用者が増える中で、いろいろな課題も見え、解決していきたいという思いもあります。

立ち上げてまだ一年ほどのことなので、今は利用者の皆さんとスタッフと話ができるようになったという一方、利用者同士の交流が全然できていないという現状もあります。館内には交流室があり、主に閲覧室の本を読んだり、囲碁や将棋をされていたり、新聞を読んだり、ちょっと休憩したりして、皆さんが楽しく過ごせるような場になってはいるのですが、まちライブラリーの本棚から少し距離があります。そのためまちライブラリーで借りた本は、かばんに入れて持って帰るというパターンになっていて、利用者同士の交流が図れていません。

これからの課題は利用者同士の交流を広げるために「ブックとーく講座」や「読書のすすめボランティア」等の活動に取り組みたいと考えています。

守口市は「もり吉」というキャラクターがいます。皆さんどうぞ「もり吉」と共に「なんぶまちライブラリー」を覚えていただき、ぜひ遊びに来てください。

寄贈本をきっかけに会話が弾む

子ども連れの利用者も多い

なんぶまちライブラリー

蔵書の種類	一般書
蔵書数	900冊
施設の形態	コミュニティスペース
住所	〒570-0033　大阪府守口市大宮通１-13-７ 守口市市民保健センター１階　守口市南部エリアコミュニティセンター
連絡先	06-6997-4120
メールアドレス	nanbu_area@moriguchi-cc.jp
開館時間	毎日　9:00-22:00

「食と農」で移住者と地元をつなぐ新しい図書館

Next Commons Lab 奥大和（奈良県宇陀市）

東 善仁
Next Commons Lab 奥大和事務局

生田優希
Next Commons Lab 奥大和事務局

安西紗耶
Next Commons Lab 奥大和事務局

生田　奈良の里山に食と農に特化してつながっていくチャレンジの場づくりの中で誕生した小さな図書館の話をいたします。本日、一緒に事務局をやっている東と安西も来ています。私たちは奈良県北東部の奥大和地域、宇陀市で活動をしております。宇陀市は、人口が約二万九千人の、里山にあるのどかな地区です。

私たちの活動の原点、もともとのミッションは、食と農に特化して宇陀市に移住してきた起業者のインキュベーション、サポート業務です。ここで起業したいという人たちのコミュニ

図書館設立と起業家支援活動の説明会

ティづくりや、地域との交流、起業のお手伝いをさせていただくことで、まちづくりに寄与する活動を始めて四年目になります。活動自体は、全国十二、三カ所でやっている「Next Commons Lab」という、移住と起業支援の仕組みの一つです。

実際に、人口が減ってきている宇陀市ですが、食と農に特化した起業家が来ることで、ちょっとまちが変わってまいりました。デザートレストランで起業した人が来たり、ジェラート屋さんができたり、ゲストハウスを運営する新卒の人がやってきたり、馬が本当に好きな人が馬と共にビジネスを始めたり、クラフトビール屋さんを立ち上げる人がいたりと、個性が輝くことでまちの色がどんどん変わってきました。

活動三年目に、移住者と地元の方、あるい

図書館お披露目会

は来訪者が食と農で気軽につながれるような新しいコミュニティをつくりたいという思いがわき起こってまいりました。

そこで、食と農の図書館をつくりたいと思い、クラウドファンディングを実施しました。図書館はすべての人を受け入れてくれる、すごく温かい場所という印象がありました。大人も子どもも関係なく集えるコミュニティになるためには図書館はとても素敵な場所なのではないかなという思いもありまして、事務局三人で話し合ってスタートしたのです。結果的に全国三百人以上の方から三百二十万円ほどの支援金が集まりました。それをもとにして地元の方と一緒に建物づくりから始めました。

東　図書館を思いついたのは、駅前に新しく「李茜舎」という古本屋さんができて、そこの店主との出会いがけっこう大きかったと思います。本のセレクトも一緒にやっていただきました。

建物は宇陀市にある「NPO法人森の月人」さんが、販売キット用に設計していた三角屋根のログハウスの設計図がありまして、それを活用させていただきました。けっこう中は広いです。十人くらいは入れます。

生田　建物は完成までに半年ぐらいかかりました。完成後、誰も来ることのなくなっていた小さな駐車場で、小さな小さなオープニングパーティーをすることができました。五十人以上の地元の方が集まってくださったというのも、一つの小さな奇跡かなと思っております。

私たちは図書館を切り口にして、小さなまちに多様な人を集めたいと思っております。当初は月に二、三回ほど開館し、フェイスブックで告知もしていたのですが、オープンしたのが秋だったというのもあって、宇陀市はものすごく寒いので、ほとんど人が来ませんでした。駅の近くに大きな図書館があるので、ただ開けているだけでは人は来ないし、コミュニティはつくれないということがわかりました。そこで、マーケットとドッキングした図書館形態にしていきたいと思っているのですが、新型コロナウイルスの影響で今年の三月からそのような大きなイベントができていない状況になっております。

「〝種〟からつくる、食と農の図書館＋マーケット！」を企画しているので、可能なら二〇二〇年度中に、小さなマーケットづくりを始めようと、オンラインで仲間を募って活動をしています。何とか再び動き出したいと思っております。同じような三角屋根のログハウスが宇陀市内に二つぐらいあるので、三角屋根のログハウスのコミュニティもそのうちできたらいいなと思っています。

安西　食と農に関する本の寄贈をお願いしていますが、一方で沖縄のように自分たちで本をつくることがけっこう盛んな地域があるので、そういうこともしてみたいと思っています。地域の方と食や農をテーマにお話ししたような内容を自分たちで本にしていくようなことも考えています。

利用者はほとんど高齢者というのが実状なんですけど、お子さん連れで来て、裸足でそのままログハウスに入ってもらえるとか、赤ちゃんがはいはいしても安心して過ごせるとか、そういう部分で工夫していきたいということと、マルシェなどを開設できれば外の方も来やすくなると思うので、できるだけ人が交じり合うような仕掛けを試みていきたいと考えています。

生田　まだまだ始まったばかりの取り組みですが、新しい図書館の形というのを体現できるように頑張っていきたいと思います。ソーラーパネルとかつけていて、Wi-Fiも飛ばしているので、コワーキングもワーケーションもできます。フェイスブック等もやっておりますので、ぜひのぞいていただけたら嬉しいなと思います。

蔵書を募り、寄贈者にスープをふるまった

Next Commons Lab奥大和

蔵書の種類	食と農、またはくらしの図書
蔵書数	300冊
貸し出しルール	基本貸し出しは行っておりません
施設の形態	私設図書館
住所	奈良県宇陀市榛原石田147- 1
メールアドレス	okuyamato@nextcommonslab.jp
WEB	https://nextcommonslab.jp/network/okuyamato/

安心して認知症になれるまちを目指して

認知症ライブラリー（兵庫県たつの市）

丸尾とし子
NPO法人播磨オレンジパートナー

「認知症ライブラリー」は兵庫県たつの市にあります。姫路よりも少し西側、姫路と赤穂の間なのですが、ヒガシマル醤油の本社や揖保乃糸が有名だと思います。ライブラリーがあるのは、龍野城の城下にある古民家の離れです。運営主体は私たちの「NPO法人播磨オレンジパートナー」で、認知症になっても、希望と尊厳をもって安心してより良く暮らしていける社会づくりを目的に活動している団体です。

ライブラリーをオープンしたのは二〇一八年の二月です。NPOの会員さんには無料で本を貸し出していますが、非会員の方は原則素性をお伺いしていないので、三十分以上お使いになる場合は五百円を頂戴し、貸し出しが必要な場合は会員登録していただくというシステムを採用しています。開館時間は、働いている介護家族さんや専門職の方などが立ち寄りやすい時間も必要だと考えて、十時から二十時としています。

「認知症」と、あえてライブラリー名に出しているのには理由があります。まだ世の中には認知症に関して誤解や偏見があるので、正直なところ、そんなに利用者はいません。当初想定していた、診断を受けたご本人もなかなかいらっしゃらないのですが、とりあえずこういう場所があるんだということを知っていただきたい。今は必要ないかもしれないけど、もしかしたら一年後に、「あ、そういえばあんなところがあったな」と思い出してもらえることがあるかもしれないからです。

利用者は、年間およそ百五十名となっているのですが、どちらかというと、地域の会議で場所が使われたり、専門職の方が夜勤で読む本をちょっと借りたりする、ヘビーユーザーの方が何回も来られていて、私たちの想定したユーザーはそんなに来られていません。

なぜ認知症ライブラリーをつくろうと思ったかをお話しします。二〇二五年には高齢者の五人に一人は認知症を発症すると推定されています。私たちもこれから、自分がなったり家族がなったり、あるいは知り合いがなったり、人生の中で必ず認知症に出会う場面があるでしょうが、そのときに何とかより良く、つらい思いばかりしないで暮らしていければと願い、NPOも立ち上げました。その活動の中で認知症当事者の方々が書かれた本と出会いました。特に早期に診断を受けた若年性認知症の方々が、異変に気づいたときの様子とか、あるいは認知症でありながらももっと活躍していきたいという思いを綴っていたり、また積極的に講演活動をされていることも知りました。

なかには自分が認知症になって自分自身にある偏見のために、恥ずかしいとか、もう終わりだと思って引きこもってしまったというお話をされる方もいます。また、初期の方は診断されても利用できるサービスが何もないということも聞きました。症状が進んだ方には高齢者のデイサービスなど介護保険のサービスがあるのですが、まだ初期の段階では、したいことをサポートしてくれるサービスがなく、早期に診断されてもそれは早期絶望だとおっしゃっている方がいました。

早期診断が絶望にならないためにはどうしたらいいのか。診断を受けてまだ受容のできない人が、当事者であることをほかの人に知らせずに、認知症の正しい知識や地域の情報を得ることができる場所というのはどんなところがいいかなと思ったときに、図書館を思いつきました。国は認知症カフェを広めようとしていますが、そういう場に行きますと、「あなたは家族ですか、本人さんですか」「困ったことはないですか」と根掘り葉掘り、個人的なことを質問されることもあるようです。一方で図書館は、ふらっと入って好きな本を見てふらっと出ていっても誰からも文句を言われない場所です。そこで図書館みたいなシステムだったらいいなと思いつき、ライブラリーを始めました。

古民家を借りてＮＰＯの事務所にしていますが、六畳一間の離れを何年ももてあましていたのです。外観もボロボロだったのですが、ここをライブラリーにしたらどうかと考えました。

もともと私たちは勉強のために認知症に関連する本はかなり持っていて、学会誌や研修に行ったときの資料などもたくさんあります。それを自分たちのために本棚に置いておくのではなくて、どなたでも見られるようにしたらいいんじゃないか、という考えに変わっていったのです。ですから、ライブラリーはＮＰＯの中心的な事業ではないのですが、すべての事業の入り口部分だと思っています。

古民家の離れを改装

城下町にはいろいろなイベントがあります。まずは地域の方に知っていただきたいので、まちのイベントには積極的に参加しています。スタンプラリー会場になったり、ワークショップを開いたり、認知症の当事者の方々と一緒に花壇をつくったりして、親しんでもらえるようにしています。誤解や偏見で認知症になることをただ恐れるのではなくて、ライブラリーにある本やビデオを通して、あるいは私たちが相談役になって、多くの方々に正しい知識を伝えたいと思っています。

龍野城は毎年九月二十一日のアルツハイマーデーから約一週間、オレンジにライトアップをするのですが、夜しか啓発できないですし、そもそも城下町には夜、あまり人が歩いていません。なので、地元の店舗さんに声を掛けて、認知症ライブラリーを含む約四十店舗がライトアップの期間中、オレンジの提灯をぶら下げて啓発活動をしています。今年度で三回目になりますが、食べ物屋さんがランチセットにオレンジジュースやオレンジを使ったデザートを付けたりとか、それぞれのお店が工夫をしてくださっています。この活動を通じて、城下町のお店とＮＰＯに信頼関係ができ始めています。今後、お店のお客さんが認知症のことで困っていれば、あそこに認知症ライブラリーがあるよと紹介してくださるのではないかなと思います。また城下町のお店の方々が良き理解者でいてくれたら、住民も安心して認知症になれるんじゃないかなとか、安心して介護生活を送れるんじゃないかなと思って活動しています。

アルツハイマーデーに合わせたオレンジの提灯

認知症ライブラリー内部

入り口と看板

認知症ライブラリー

蔵書の種類	認知症に関する書籍や資料
蔵書数	300冊
施設の形態	私設図書館
住所	〒679-4165　兵庫県たつの市龍野町本町47番地
連絡先	0791-62-2410／090-7285-3867
メールアドレス	harima.dementia@gmail.com
開館時間	月・火・木・金10:00～20:00（現在予約制）　1日3時間/曜日別に午前・午後・晩の開館 ※それ以外は要相談

「認知症」と一緒にいきいき暮らし続けるライブラリー

いきいき認知症まちライブラリー（大阪市天王寺区）

高垣直人
大阪市認知症の人の社会活動推進センター
（ゆっくりの部屋）スタッフ

「いきいき認知症まちライブラリー」は、「ゆっくりの部屋」という事業所の中にあります。大阪市の天王寺区桃谷、あるいは鶴橋というコリアンタウンが近くにあります。「ゆっくりの部屋」は正式名称「大阪市認知症の人の社会活動推進センター」といい、公益社団法人認知症の人と家族の会大阪府支部が大阪市より事業委託を受けて二〇一九年、開設されました。「ゆっくりの部屋」というのは、「きく　よむ　はなす」をコンセプトにした認知症の人たちが集まって活動するための場所です。句会をやったり、麻雀やったり、あるいは創作活動、紙芝居をつくったりしています。レクリエーションというようなものだけではなく、今年度はアーティストの方を呼んで一緒に活動してきました。いわゆる本人の能力を高めるという視点ではない活動も積極的に取り入れようと考えて、イベントを企画しています。

いわゆるデイサービスなどとの違いは、移動や出入りの自由さだと思います。基本的に送迎はありませんので、ご本人が帰りたいと言ったら、帰ってもらってもいい、という形でやっています。外に出たいとおっしゃったら、僕らも一緒に散歩に出る。来所される方にこの場所への滞在は強制していませんし、なかなかできません。

なぜここにまちライブラリーをつくったかというと、認知症の人の社会活動を応援する場所を考えたときに、まちライブラリーを通じて、地域の人であるとか、あるいは医療とか福祉とか限らずに、広く認知症に関心のある方に来ていただきたいと思ったからです。小さな本棚ですが、当事者が書かれた本や家族の介護体験記などを中心に置いています。

「いきいき認知症まちライブラリー」では、認知症ご本人も参加する読書会を開催しています。今回はこの読書会の中で印象に残った回を二つほどご紹介させていただきます。

『認知症の私からあなた　20のメッセージ』（大月書店）という認知症本人である佐藤雅彦さんが書かれた本を読む読書会をしました。認知症と診断を受けてから佐藤さんが前向きに生きるために考えた二十個のヒントがリストとして巻末に並べてあります。参加者にそのリストの中から一つ選びしおりをつくってもらいました。参加された認知症の方は、僕らがふだん一緒に活動していても、言語的なコミュニケーションが難しい方たちです。ですから、読み上げるのは難しいかなと思っていたのですが、いざリストの中で「どれが気になりますか」と聞くと、「これ」と言って、漢字もすらすらと読み上げたのです。ご家族も驚かれました。僕らも、この人は普段から会話的なコミュニケーションは難しいから文字を読むのは無理だろうとか、自分で意思表現するのは難しいだろうと勝手に思っていたのですが、我々が決めつけてしまっていることもあるのだと思い知らされ、とても驚きました。

もう一つは、『認知症になっても人生は終わらない』(harunosora)という本を取り上げた会です。全国の認知症の方たちの「言いたいこと」がまとめられている本です。この本に登場するいくつかの意見に対して、みんなでどう思うか話し合ってみることにしました。本の中に、福祉施設で作業されている方の、「仕事ができることが嬉しいです」という意見がありました。いい意見だなと感心しながら、『ゆっくりの部屋』に来ている認知症の方にもそう思ってほしいなあ」と思い、「私もそうです」という意見を期待して「これについてどう思いますか」と話を振ったところ、「ちょっと違うなあ」という反応をされたんです。ゆっくり時間をかけてよくよく聞いてみたら、その方は自分でお店を持って働いていた方だったのですが、「そのときのように必死に働くことはもうできない。けれども、今は奥さんも含めてまわりの方が動いてくれるから、それに感謝している」というようなことをおっしゃったのです。自分で生活が難しくなっているのはすごく理解されていて、自分ができなくなっていくことに向き合い、意見や生き方を変えていく姿勢が見られて、僕らもすごく勉強になりました。

認知症の方のイメージが変わるためには、ある程度時間をかけたお付き合いが必要かなと思っています。短い期間だからこそ、楽しい時間が過ごせるということもありますが、その人のことをよく知ろうと思ったら、やはり長期間付き合っているからこそ「今はどんなふうに考えているのかな」とこちらの中にもその方に対するイメージができて、そこからさらにイメー

テキストを読みあげる参加者

ジが変わるということがあります。

「ふだんどんなことを考えているの？」と、いきなり人から聞かれても答えるのは難しいのですが、本を通じて、人の意見を聞くことができるのが読書会の良さかなと思って開催しております。来所していただくことで元気になる様子を見ていると、家族以外の人と会うことがとても重要なのかなと思います。すごく難しい状況なのですが、認知症の方にとっても、やはり自分と一見関係ないような方と会うのはすごく重要なことなのだと思っています。

読書会風景

いきいき認知症まちライブラリー

蔵書の種類	認知症本人が書かれた書籍など
蔵書数	382冊
貸し出しルール	閲覧のみ
施設の形態	コミュニティスペース
住所	〒543-0033大阪市天王寺区堂ヶ芝1-2-2富士ハイツ102号
連絡先	06-4303-3301
メールアドレス	yukkuri-osaka@ak.wakwak.com
WEB	https://sites.google.com/view/osakayukkuri/home
開館時間	月～金曜日11:00～16:00・第1・3金曜日は閉所 （※来所の際は要電話）

3 里地とマイクロ・ライブラリー

小さな図書館の本をまちの人を知るきっかけに

里の風たち「小さな図書館」（滋賀県信楽町）

ヒキダヒロコ
里の風たち　小さな図書館 主宰

「里の風たち　小さな図書館」は、滋賀県の南の端っこ甲賀市信楽町にあります。アメリカの小さな図書館をニュースで見て以来「いつか自分でもつくってみたい」と思っていたところ、「甲賀市魅力ある地域づくり助成金事業」を知り応募して、三年間助成金をいただくことができました。まず二〇一一年に信楽町牧地区の市営住宅敷地内の公園に防災ベンチを設置しました。二〇一三年には、ベンチの近くに巣箱型の小さな図書館をつくりました。

友人で、信楽在住の絵本作家・市居みかさんに「里の風たち　小さな図書館」の外観イラストをお願いしたら、快く引き受けてくださいました。お子さん連れで本箱づくりにも参加されて、絵本も寄贈していただきました。まちの皆さんは、図書館カードの絵などを通じて普段から市居さんの絵に馴染みがあり、「里の風たち　小さな図書館」に、親しみを感じてもらえる

市居みかさん（信楽在住の絵本作家）と息子さん

要因になっているのかなと思います。本を借りるときには、貸し出し簿に書いてもらっており、それを見ると主に小さな子ども連れの方が利用してくださっているようです。高齢の方も小さな図書館の扉をちょこっと開けて本を取り出し、防災ベンチに座って見てくださっているようですが、借りて帰る方はあまりいません。まちの中に、同じような本の活動をやっておられる方はいないように思います。

「里の風たち　小さな図書館」をつくった頃は子どもたちがたくさん地域にもいて、賑やかでしたが、今は信楽町も少子高齢化が進み、学校が統廃合される計画があるような状態です。

もともと私は、この図書館の利用者を増やしたいという思いより、同じような図書館がまちのあちこちに増えていってほしくてこの取り組みを始めました。信楽は、トンボが飛び交うような素敵な里山ですが、関西のアラスカ（？）と呼ばれるくらい寒く、冬に散歩をするのは少々つらい場所です。なので、何か目標があったほうが皆さん歩きやすいかなと思って、この図書館をつくったというところもあります。

運営をしていろいろ悩むこともあります。まず、子どもさんがどんどん減っている中で、限りあるスペースにどんな年齢層向けの本を入れたらいいかということ。大型本が入るスペースと、文庫が入るスペースに分けていて、大型本のところが主に子ども向けの絵本、文庫のところは大人向けの本を入れるようにしているのですが、その比率を今後どうしたらいいのか悩んでいます。また、高齢の方が本を見るには老眼鏡を置くことも必要かもしれません。本の日焼けが激しいことや、いらない本をあげるという声など、それらの対応方法にも困っています。またこれは笑い話ですが、まれに保育園の絵本が紛れていることがあります。

私の願いは、まちの中にいろいろなタイプの小さな図書館が増えていくことです。信楽焼が地場産業ですので、例えば陶器を利用した小さな図書館とか、家庭菜園の中に小さな図書館を設けて、そこで種交換ができたら面白いなと思っています。また滋賀県立公園に県内産の木材を使った木工教室があるので、そこに小さな図書館のキットをつくって置いてもらえないかなと勝手に考えています。小さな図書館が、子どもが自分の足で行かれる範囲にたくさんあったら楽しいですし、マイノリティーの人のための身近な情報本が置いてある小さな図書館もあっ

ベンチで本を読む子どもたち

たらいいなと思っています。

　私が広報を怠っているので、活動はなかなか広まらないのですが、今後は地域の中で同じようなことをやりたいという人や、学校図書館や、保育園、さらには信楽高原鐵道と連携を図っていきたいと思います。そして、このまちで暮らしたい、暮らし続けたいと、みんなが思えるようになったらいいなというのが、「里の風たち　小さな図書館」の願いです。

　もしあなたのお家の前に小さな図書館があったら、私はその扉を開けてみたいと思います。「そんな人いたっけ?」と思うような(お互い無関心な)まちで暮らしたくありません。一人暮らしの人、引きこもっている人、病の人……、出会うことが叶わなくても、お家の前に小さな図書館があって、その人の本が置いてある。「この人は、この家の人は、この本が好きなんだなぁ」と思うだけで、その方を知ることができる気がします。小さな図書館がまちに増えることを夢見て、活動を続けていきたいと思います。

いい風合いになってきた巣箱型の本箱

追記：先日、「里の風たち　小さな図書館」に興味を持ってくださる方が見学に来られて、「リタイア後に私もつくりたいです」と言われて嬉しかったです。「里の風たち　小さな図書館」と「ベンチ」は、木でつくられているためメンテナンスが必要となってきました。お手伝いくださる方も募集中です。よろしくお願いします。

防災ベンチと「里の風たち　小さな図書館」

里の風　小さな図書館

蔵書の種類	児童書・絵本・文庫・雑誌・漫画・DVDなど
蔵書数	30冊くらい
貸し出しルール	貸出可（ノートに記載）
施設の形態	巣箱型図書館
住所	滋賀県甲賀市信楽町牧宮跡台住宅敷地内公園
メールアドレス	cocoromatou@gaia.eonet.ne.jp
開館時間	日の出～夕暮れ（鍵無し常設）

閉校した小学校がコミュニティの場に成長

まちライブラリー@きのこ文庫（京都府京丹波町）

谷 文絵
まちライブラリー@きのこ文庫主宰
絵本専門店「絵本ちゃん」店主

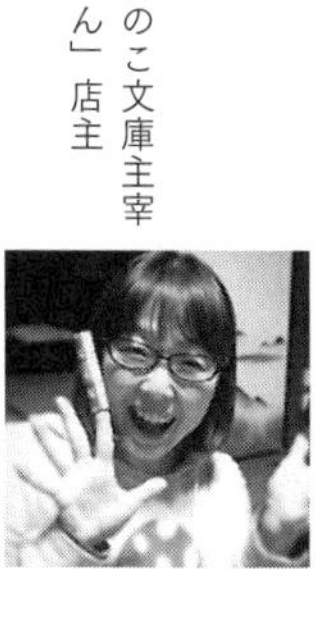

「きのこ文庫」は京都府のほぼ中央に位置する一万四千人の京丹波町の、またその真ん中に位置する質美という里山にあります。この里山の質美小学校が二〇一一年三月に閉校し、その一年後の五月から、皆さんに「本って楽しいよ、絵本って素敵でしょう」ということを伝えたくて、絵本専門店「絵本ちゃん」という絵本屋をオープンしました。その一カ月後に隣の教室を借りて「まちライブラリー@きのこ文庫」（以下、きのこ文庫）をオープンしました。絵本は高価です。でも、お子さんたちはもちろん、いろいろな人にもっともっと絵本を楽しんでいただきたいと思って始めました。利用される方には「『絵本ちゃん』に声を掛けてください」と貼り紙をしています。対面でご挨拶しておくと、読みっぱなし、出しっぱなしでは帰れません。お客さんが増えてきたので、そんな感じでやっています。

きのこ文庫には私の持っていた絵本、寄付していただいた絵本など、三千冊ほどの蔵書があります。もともと京都市内の児童書専門店のスタッフをしていましたし、旧質美小学校の閉校まで読書指導員として図書室にも入っていたので、状態の良い本や小学校にあった絵本、知り合いの絵本関係の方から寄付していただけました。

今はこの旧質美小学校に、なんと九つのお店が入っています。「絵本ちゃん」ときのこ文庫がオープンしてから二年後に、ピザとパスタのお店、レストランやカフェ、古道具とアンティークのお店、趣味の店、雑貨屋さん、おかき屋さんが入ってくださって、今では年間二万人が足を運び、その方たちや町民の皆さんとのコミュニティの場所として、また地域の子育て世代の居場所にもなっています。

京丹波町には残念ながら公共図書館がありません。私は京都市内で生まれ育ち、物心ついたときから当たり前に図書館を利用しておりました。二十年前に京丹波町に引っ越してきたのですが、図書館がないことにびっくりしました。そこで図書館がほしいと役場や地域で話すのですが、もともと図書館のないところに暮らしておられる方は、図書館の必要性を感じていないのです。なかなか図書館の必要性を理解してもらえなくて、ずっと悩んでいました。

そもそも地域の人たちの居場所やコミュニティというものがありませんでした。それ以前に、越してきた当時は、若い人たち、小さな子どもを持つお母さんたちの居場所さえありませんでした。そこで小学校が閉校することに決まったときに、ここを若い人たちが集える場所、若い人たちが利用できる場所として使いたいと申し出たのです。初めは役場の方も地域の方も「あんたアホちゃうか。こんなとこ、誰が来はんの」みたいな反応でした。

最初の頃は、ほぼ開いているだけです。私は「絵本ちゃん」に常駐していますので、きのこ文庫は無人です。すごく田舎なので、知っていただくのもなかなか大変で、利用してもらえるまではいきませんでした。

ところが地方創生や、女性の活躍、廃校利活用などのテーマで新聞やテレビ、ラジオ、雑誌に取り上げていただき、当初からＳＮＳで情報発信していたこともよかったようで、二年の間にお客さんが来てくださるようになりました。そうすると次々と絵本を借りたい方も増えてきて、今の状況になったのです。今は国際交流協会さんや絵本サークルさん、食育遊びのグループのイベントや人形劇の公演などの文化的な活動や情報をきのこ文庫から発信しています。

悩みは、この場所のお客さんは多いのですが、それが地域に還元できているのかどうかということと、きのこ文庫に関しては私が常駐してないので、来てくださったお客さんに対応したくてもできていないことです。

町民の皆さんに、本の貸し借りだけじゃなくて食事ができたり、カフェで寛いだり、買い物もできたりする場所、これからの図書館を実感としてイメージしてもらえるよう、今は頑張っています。

九年目になりますが、ずっと私一人できのこ文庫の運営をしているので、本当に毎日すごく大変です。お手伝いしてくれる方がいらっしゃいましたら、助けてください、という感じです。

まちライブラリー@きのこ文庫

まちライブラリー@きのこ文庫

蔵書の種類	絵本
蔵書数	3000冊
貸し出しルール	お一人5冊まで。最長1カ月。
施設の形態	コミュニティスペース
住所	〒622-0332　京都府船井郡京丹波町質美上野43旧質美小学校内
連絡先	090-2705-8622
メールアドレス	ehon@kyoto.zaq.jp
フェイスブック	https://www.facebook.com/kinoko423/
開館時間	火・木・金・土・日12:00～16:00（※臨時閉室あり）

4 イベントとマイクロ・ライブラリー

沖縄の本の魅力に集まるイベント型まちライブラリー

沖縄の水上家から来た本の会@ＩＳまちライブラリー（大阪市中央区）

郷　慎久朗
沖縄の水上家から来た本の会
@ＩＳまちライブラリー主宰

金澤伸昭
まめ書房店主
沖縄の水上家から来た本の会
@ＩＳまちライブラリー主宰

郷　私と金澤さんの二人が主宰となって、大阪の「ＩＳまちライブラリー」で月一回、沖縄をテーマにした読書会を催しています。

私は二〇一一年からまちライブラリーの活動にいろいろな形で関わってきました。サラリーマンの転勤族で、大阪から沖縄に行って、それから神戸に行って、実はこの九月から東京にいます。沖縄で水上家という場所でやっていたまちライブラリーがあったのですが、それがいろいろな経緯で閉めることになって、「ＩＳまちライブラリー」に本を置かせてもらうことになりました。せっかく本があるので神戸に店を構える沖縄の本の専門書店、まめ書房の金澤さんと月一でイベントをしていこうということで始まった会です。

テーマを決めて本を持ち寄るのですが、金澤さんがどんな本でも沖縄ネタに紐付けて返してくださるんです。たとえば、今年読んだ本というテーマで、ドーナッツの穴は何であるのかというような哲学的な本を持ってきた参加者がいらしたのですが、それについて金澤さんにふると、「沖縄のドーナッツといえばね」と言って、何でも沖縄に引っかけて返してくださるという、楽しい会になっています。沖縄から参加してくださった方もいらっしゃったり、沖縄で神主をやっている僕の友人に、オンラインで参加してもらったりもしました。まめ書房について、金澤さんからご紹介いただきます。

金澤　まめ書房は、二〇一五年から始めました。場所は神戸市岡本にありますが、沖縄に関する本の専門店です。七割ほどは古書ですが、新刊本も仕入れています。本以外に沖縄の方がつくる工芸品、食品なども私と妻が現地で選んだものを仕入れて一緒に販売しています。
まめ書房は、単にお客さんのお金と私が仕入れた本を交換する店ではなくて、沖縄のいろいろな文化とか歴史とか、エンターテインメントなどに触れてドキドキワクワクしてもらえる場でありたいと。あるいはゆったり座って、沖縄の話をしてリラックスしてもらう、ここに足を運んで良かったなと思ってもらえるような、そういう心地よい場所を目指してやっています。

郷　居場所という志がピンと合って、去年の夏から一緒に読書会をやることができました。ただ、この半年くらいは新型コロナウイルスの影響を受けて、二月の実施を最後にずっとお休みをしていて、そのまま私が転勤で東京に移ることになってしまったので、実はこのイベントは現在自然消滅状態です。

コロナ対策としてオンラインでやってみようかとかいろいろ話したのですが、どうしてもやる気になりませんでした。やっぱりあの場所で金澤さんと一緒に、沖縄から来た本が実際にある、リアルで密な場で時間を共有しているのがこの会の魅力だったんだなということを、今回振り返って感じたので、だから何かやろうという気持ちにならなかったのかなと思ったりしていました。

金澤　直に顔を合わせて話すことで、その人の言葉の奥にある、もっと根底の部分の気持ちとか、関心事とか、あるいはちょっと悩んでいることとかが伝わってくるというか、感じられるのだと思います。

沖縄の本については、沖縄県産本といわれる文化があるくらい、小さな出版社が出している本がすごく多いという特徴があります。輸送の面で不利なところがあるから県産本が多いというのも一つの要因なのですが、やっぱり歴史や文化が本土とだいぶ違うということもある。たとえば料理の本でも、東京の出版社から出ている料理のレシピ本の中には、沖縄のフーチバーとかイーチョーバーとか、地元の野菜のレシピは載っていません。せいぜいゴーヤーがあるくらい。一例ですけれども、そういうことなんかもあって、文化や歴史の違いから沖縄の本というのは必要とされているのかもしれません。

沖縄の本の魅力は、やっぱりこちらにはない本がたくさんあって、しかもそれを読み解いていくと、たとえば沖縄の民謡について書かれた本を見ても、その民謡の歌詞に出てくる沖縄の料理ってこういうもんだよとか、その歌詞の中に登場する歴史上の人物はこういう人だよということが書いてある。音楽の本を読んでいたつもりが沖縄の料理にも興味が出てきたり、歴史にも興味が出てきたり、そういうふうに何か一つのきっかけからどんどんほかのジャンルのことまで広がっていきます。沖縄の文化全体について広く知っていくと、またそこで、もともとの沖縄の音楽を深く理解できたりとか、こういう歴史があるからこういう歌が生まれたんだとか、知れば知るほどまた興味が広がったりしますし、刺激があります。そういうところが沖縄の本の魅力かなと思います。

郷　歴史や食など、一般的なテーマでやるのですが、必ずそこから沖縄の世界に入っていけるという、その間口の広さが沖縄の本と触れる楽しみかなあと、改めてこの一年間、感じていました。

時間帯は毎月第三、第四あたりの金曜日の夜七時からと、ある程度決めてやっていました。いちばん工夫していたのは、役割分担です。僕は完全に司会進行的なことをやって、金澤さんがどんどん話を沖縄に引き込んでいく。途中から僕が悪ノリしすぎて、大喜利大会みたいな感じになっていくのが楽しいなと思っていました。

僕は今月から東京なのですが、さっそく沖縄も関西も恋しくなっているので、試験的に開催してみようと思いまして、実は、今日の夜からオンラインでやってみる予定です。

ということで、この会がこれからどうなっていくかは今夜のオンライン会合次第かなと思っています。

沖縄をテーマに盛り上がる読書会

参加者が持ち寄った本

沖縄の水上家から来た本の会@ISまちライブラリー

蔵書の種類　元「まちライブラリー@水上家」の収蔵書など
住所　〒540-0037大阪府大阪市中央区内平野町２-１-２アイエスビル（ISまちライブラリー）

自然と人との共生を考える「隠れ家」的ライブライイリー

まちライブラリー@みやざき自然塾（宮崎県宮崎市）

足立泰一
まちライブラリー@みやざき自然塾主宰
宮崎大学　大阪府立大学名誉教授
NPO法人みやざき自然塾塾長
NPO法人大阪公立大学共同出版会（OMUP）理事（顧問）

私どもの活動内容やイベント、そのほかについて、ご説明申し上げたいと思います。通称「男の隠れ家」ライブラリーとも称しているのですが、ここは「みやざき自然塾」の事務所兼私の宮崎での居場所にもなっています。私は宮崎に通算三十二年住んでおりましたが、定年六年前に大阪に移り、「まちライブラリー@もりのみやキューズモール」や「ISまちライブラリー」にもちょくちょく顔出ししています。そこで刺激を受け、NPO法人「みやざき自然塾」の事務所を中心に、まちライブラリーの活動を二〇一八年から開始しました。

「みやざき自然塾」は二カ月に一回、宮崎県立図書館との共催で、全方位の科学、自然科学、人文科学、社会科学のコロキウム（講演・討論会）を実施しています。大阪でNPOの大学出版会を二〇〇一年に創設していたものですから、学生、一般市民に講義・講演するだけでなく、紙に書いたものを読んでもらおうということで、金儲けにならない出版業や、高等学校等での出前講義、「自然と人との共生」に関する各種活動を今でも続けているのです。

最初は図書館に設けられたNPOが利用できるコーナーでやっていたのですが、図書館からのお誘いに乗って、図書館の評議員を二年間務め、図書館との連携で、我々の活動を取り入れていただき、この頃は二カ月に一回程度、第三土曜日を基本に、継続的にコロキウムをやっております。

そして、ちょうど七十歳になったときです。東日本大震災が起こった。福島の原発事故は「最たる人災」です。自然科学の一端を担ってきた者として大いに自問自答して、自然豊かな宮崎に拠点を置いて「みやざき自然塾」を発足したのです。その一環として、「まちライブラリー@みやざき自然塾」を私の本を中心に開設し、活動しているのです。

分野は自然科学が多いのですが、ライブラリーにある私のお宝は、ゲーテの自然科学全集。十五冊ありますが、全部は読んでいません。定年後、ゲーテの自然観に触れるチャンスがあり、それからゲーテに凝っております。あとは自分の趣味の弓道講座とか、漱石全集、源氏物語など。それから私が与えた学位論文など。どちらかというと、私の蔵書を中心にしてやっています。若い頃から本が好きだったものですから、文庫本、国際会議資料などの書類（アーカイブとも言いますが）も入れると二千冊ぐらいはあるかと思います。

活動の中心は英語音読会なのですが、最初にレイチェル・カールソンの『The Sense of Wonder』を読み切りました。やがて『マザーグースの唄　イギリスの伝承童謡』（平野恵一著・中央公論新社）も一段落するでしょう。英語の本を声に出して読んだり、歌ったりすることを大切にしています。ここしばらくは新型コロナウイルスの影響でできませんでしたが、これまではこのスペースでミニミニギャラリーとしてパステル絵画の展示をはじめ、イベントとして本に囲まれた乱雑な中で、楽しんでやってきました。

イベントをしてくださる方は、基本的には「みやざき自然塾」でお誘いし、フェイスブックなどで呼びかけるのですが、尻込みされる方も多く、定着しているのは五、六人です。その中にはＪＩＣＡ（国際協力機構）で国際的に活躍された方、食文化について造詣のある方もおられまして、テーマとしてはクローズドな気配なきにしもあらずですが、楽しませていただいています。市民ボランティアだと思ってやっている次第です。ドイツ語の音読もスタートしました。テキストは『Was ist Naturwissenschaft』（ヘルムホルツ著・大学書林）。一世紀も前の「自然科学とは何か」について論じた本ですが、読んでいくと結構楽しいものです。参加者は当然ながら英語音読会とは別です。

まちライブラリーは今、宮崎に四、五ヵ所くらいあるようですので、連携を図って宮崎県のまちライブラリーグループとして図書館に働きかけて、今後さらにいろいろな形で利用させてもらえるよう努力していきます。

2020年1月19日に行われた新年初音読会

ドイツ語音読会メンバー

まちライブラリー@みやざき自然塾

蔵書の種類	自然科学書、英語・ドイツ語原書、世界の食文化、歴史書、哲学書など
蔵書数	2000冊
施設の形態	NPOオフィス
住所	〒880-0032　宮崎県宮崎市霧島３丁目79番地　加賀ビル202
連絡先	090-4494-5390
メールアドレス	taijiada@ace.ocn.ne.jp
WEB	http://cnmadachi.exblog.jp/
開館時間	月～金　9:00～20:00（理事在席中のみ　要　電話問合せ）

読書会とイベントのコラボレーションで輝く未来を目指す

まちライブラリー@&香芝（奈良県香芝市）

梶　正人
河合貴之
まちライブラリー@&香芝

梶　本日はメンバーの河合と二人でご報告いたします。奈良県の香芝市と共に何かできたらいいなと思い「まちライブラリー@&香芝」と名づけました。

この活動はもともと、「マミ・チューター」という学習塾で始まりました。塾のオーナーと一緒にまちおこしをやっていた河合と私の三人で活動を始め、二年三カ月ほど経ちます。「本に親しむ環境を整えたい」「こどもを取り巻く環境をよくしたい」「爽やかなスタイルの読書会」を目指し、「本をとおしてあなたの未来が輝きます」というテーマでやってきました。

毎週土曜日に読書会を開催してきました。この地域は読書会の文化があまりなく、なかなか人が集まりませんでした。そこで、近くにある本屋さんにチラシを置かせていただいたり、SNSなどで集客したりして、少しずつ人が増えてきました。

やっているうちに香芝市民図書館とも共催で読書会をすることができるようになりました。またいろいろな人とのつながりで、国際交流団体の留学生の方とも一緒に読書会をしています。

留学生の方が関わることで刺激になることがたくさんあります。改めて気づくことは、各国の代表という形で、出身国のことをすごくよく調べて日本に来ている方が多くて、とても上手に自国の文化の説明をされるのです。そのあたりが日本の学生と全然違うという印象です。留学の仕方もいろいろです。学校からの推薦留学や大使館からの推薦留学といった方もいらっしゃいますので、どうやったら留学できるかという情報も入ってきます。それと、留学生の母国の本の情報が聞けるので、大変面白い読書会になります。

読書会だけではなかなか人も集まりづらいので、いろいろなイベントをやってみようということになりました。今年の一月には宇宙航空研究開発機構（ＪＡＸＡ）をお招きして「宇宙学校・かしば」を開催し、小学生から大学生まで、合わせて約二百名が参加しました。それをきっかけにロボットのプログラミングのイベントなどに発展していきました。

河合　なぜイベントを中心にやっているかというと、「まちライブラリー＠＆香芝」を知ってほしいということももちろんあるのですが、何よりも私たちが楽しいと思うことをやりたかったからです。「宇宙学校・かしば」も特に私たちが宇宙に詳しいわけではないのですが、宇宙について私も知りたいし、子どもたちも大人もみんな宇宙のことを知りたいんじゃないかと思って、宇宙をテーマにしたイベントを開催したのです。ロボット系のイベントは私がちょっとコンピューター関係のことをやっているので、分解講座も含めて、取り組んでいます。

梶　それをきっかけにいろいろなイベントをするようになりました。落語会や「ＴＥＤ」という講演会を主催するグループのスピーカーと一緒に読書会もしました。新型コロナウイルスの影響で、オンライン読書会等も開催するようになっていきました。

また、奈良県下には現在まちライブラリーが二十五カ所ほどあるので、コミュニティを広げたいと思い、オーナーさんたちに九月五日にオンラインで集まっていただきました。

地元で読書会をするだけでなく、いろいろな場所で読書会をして、そこからまた奈良の香芝市に来てもらおうと思い、近隣のまちライブラリーに行って読書会をさせていただいています。そうした読書会では、著者や翻訳家、映画監督、「まほろば円舞会」という万葉集をもとに円舞会をされている方やアート塾の塾長、社会起業家の方など、いろいろな人たちとコラボレーションもしています。インターネットラジオ局「ゆめのたね」でも、定期的に読書会の案内をしています。

最近のイベントとしては、地元の葛城地方を舞台にした『死者の書』という折口信夫さんの本があるのですが、それをもとにつくられた「かぞくわり」という映画のパンフレットをもとに読書会をしています。県下では奈良国際映画祭がありますので、いろいろな映画監督とコラボレーションをしてみたいと思っています。

香芝市に屯鶴峯《どんづるぼう》という火山岩の堆積した奇岩群があるのですが、古事記に記述されているその屯鶴峯についての物語をモチーフにした演劇があります。そういったものや、ＪＡＸＡと一緒にまたコラボもしてみたいと考えています。

世界的にオンラインでつながる可能性も視野に入れています。コロナ禍でほとんどのイベントがオンラインになりましたが、逆にオンラインで新しい文化が生まれるのではないかと思っています。なかなかつながりのないところにも、すごく入っていきやすくなりました。実際、オンラインの読書会だと海外の方も入ってきます。これまでフィジー、マレーシア、アメリカなど、いろいろな国の人が入ってきてくれました。つながりが増えるといった意味では、これからがますます楽しみです。

読書会風景

まちライブラリー@&香芝

施設の形態	学習塾
住所	〒639-0222　奈良県香芝市西真美３丁目８-21
連絡先	0745-71-3005
メールアドレス	mamitutor@gmail.com
WEB	http://mamitutor.com/
開館時間	開館時間：土　19:00～22:00（日中は予約のみ）

5 まちじゅう図書館とマイクロ・ライブラリー

まちじゅうの小さな図書館が人と人、人と場所をつなぐ

吉野まちじゅう図書館（奈良県吉野町）

八釣《やつり》直己《なおき》
奈良県吉野町役場

八釣という変わった名字なのですが、明日香村に八釣山とか八釣地蔵がありまして、そこが由来かと思います。覚えていただけたら嬉しいです。

吉野町は奈良県のほぼ中央にあります。人口は七千人を切りました。世帯数は約三千、面積は九十五平方キロメートルです。吉野千本桜で有名なところです。今年はコロナ禍でお客さんが減って、観光業が大きな打撃を受けています。先日もニュースになっていましたが、九十年続く旅館が閉館してしまいました。そうしたちょっと暗いニュースもあるのですが、頑張っていきたいと思います。吉野町は林業が五百年前から盛んです。金峯山寺《きんぷせんじ》という修験道の総本山があり、その歴史は千三百年。十四世紀には後醍醐天皇が南朝を置いたところでもあり、歴史的な見どころの豊富な土地柄で、いろいろなコンテンツがある町です。

「吉野まちじゅう図書館」は本に触れていただく機会を増やそうということで始めた取り組みですが、それ以上に人と人が出会うとか、交流する場をつくりたいなということに狙いがあります。きっかけは、シェアリング・エコノミーという遊休資産、眠っているスキルや時間、物などを生かして新しい助け合い、共助の仕組みをつくれないかと模索したことが始まりです。

吉野町には小さな図書室はあるのですが、大きな図書館がありません。住民が持っている本をシェアする「吉野まちじゅう図書館」は、シェアリング・エコノミーの一環に位置づけられます。まちの中には図書室とか、私設文庫があるのですが、ほかにもゲストハウス、カフェなどいろいろなところをまちじゅう図書館としてやっています。

リブライズというウェブのプラットホームを無料で使用させていただいているのですが、それを使えば誰でも簡単に、今ある本棚を図書館に見立ることができるので、ブックスポットとして各拠点をうまくつなぎ合わせています。

二〇一九年の十一月から始めて、今は十七カ所になりました。お寺とかシダの植物館とか、古民家のカフェなどが登録してくださっています。蔵書は全体で五千冊くらいです。初めの頃は、小さいまちですので、顔を知っている方々にまずはお声掛けさせていただいて、そこからは口コミでどんどん広がっていきました。メンバーはフェイスブック上で非公開のグループをつくり、お互いに情報交換、情報発信をして横の連携をとっています。今まで知らなかった人たち同士が、「こういう本が好きなんだね」ということでつながっていただけるのも、見てい

大師山寺の大塚知明住職

てすごく嬉しいです。
　NHKの「おはよう日本」や各新聞などメディアでも取り上げられました。たぶん行政が一緒になってやっているのが珍しいのだろうと思います。メディアに出たこともあり、けっこう問い合わせが多く、本を寄贈したいというお電話をかなりいただきました。
　事例を二つ紹介します。一つ目は大師山寺《だいしさんじ》というお寺です。本当に景色のいいところにありまして、仏教関係の本を多数揃えていますざ。住職の大塚知明さんはいろいろなお話をざっくばらんにしてくださる方で、気軽に誰でも訪れることができるので、とても良いスペースです。足を運んでいただけたらなと思います。
　二つ目も特徴のある図書館です。二年ほど前にシダという植物が好きすぎて吉野町へ移住してきた若い女性がいます。その方が自分の住まいをシダ専門の植物館「しだのすみか」として私設で開きました。そこにシダばかり載っている植物図鑑も置いています。紀伊半島はシダ植物が多いらしく、その女性は「しだのすみか」を拠点に活動をされています。

「吉野まちじゅう図書館」を始めるにあたり、資金が必要になったのと、ストーリーを知っていただきたいということで、私は公務員なのですが兼業届けを出しまして、個人名義で「クラウド本ディング」というものを立ち上げました。クラウドファンディングでお金を集めるだけではなく、思い入れのある本をいただくということも含めて、「クラウド本ディング」と命名し、本の寄贈の募集もさせていただきました。クラウドファンディングの目標金額は二十万円だったのですが、おかげさまでこちらも達成いたしました。「クラウド本ディング」では本に温かいメッセージを付けていただき、皆さんの本に対する思い入れも知ることができ、いろいろ勉強になる経験でした。

二月末には、吉野杉でつくる本棚のワークショップや大学生と連携したり、リブライズの代表の方に来ていただいてイベントを仕掛けたりしました。コロナ禍の今、イベントはできていないのですが、活動は地道に続けています。

住民がもっと利用しやすくするために認知度を上げていきたいなと思っているのですが、どうしてもお年寄りの方はインターネットを使う方が少ないので、そこにどう対処していくかが課題です。リブライズを通して本の登録は行っていますが、実際の貸し借りは、ノートに書くなどアナログの方法が多いという状況です。

ユーチューブで「吉野まちじゅう図書館」の動画をあげておりますので、ぜひご覧ください。

カフェ・ル・ルポ

吉野まちじゅう図書館

蔵書の種類	一般書
蔵書数	5000冊
貸し出しルール	図書館による
施設の形態	町役場　民間図書館（ブックスポット）
住所	〒639-3192奈良県吉野郡吉野町大字上市80番地の1
連絡先	0746-32-3081
メールアドレス	seisaku@town.yoshino.lg.jp
WEB	https://librize.com/yoshino-libraries/
開館時間	図書館による

丸亀市のまちライブラリーはみんなをつなぐ玉手箱

丸亀市市民生活部生涯学習課（香川県丸亀市）

窪田美由紀
丸亀市市民生活部生涯学習課

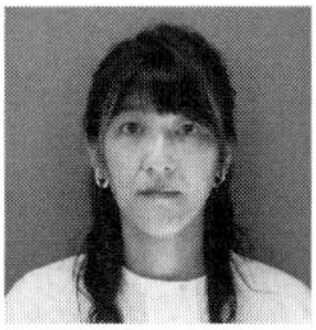

丸亀市は、日本一狭い面積の香川県の中西部に位置しています。中心部には石垣の高さが日本一の丸亀城があります。夜はライトアップされる丸亀市のシンボルです。丸亀市といえば、皆さん、「丸亀製麺」のイメージが強いと思うのですが、残念ながらお店は丸亀市にはありません。ただ、うどんは香川県のソウルフードです。

礒井純充さんとの出会いは二年前の夏です。図書館でまちライブラリーの講演会とワークショップを開催して、多くの方に来ていただきました。そしてすごくたくさんの方がまちライブラリーの活動に共感されたのです。

そしてこの日をきっかけにまちライブラリーが五つ誕生しました。コミュニティセンターで二つ、NPOなどが三つです。その中から、コミュニティセンターの事例をご紹介します。

一つ目は城坤《じょうこん》コミュニティセンターです。礒井さんの講演会が八月だったのですが、十一月にこの城坤コミュニティセンターが新築される予定で、建物の準備が進んでいました。講演会を聞きに来ていたコミュニティの会長さんがまちライブラリーにすごく共感されまして、十一月にオープンするコミュニティセンターの図書室をまちライブラリーにしたらどうだろうかという提案をされたのです。実は、コミュニティセンターに図書室はもともとあったのですが、あまり利用されていませんでした。いいきっかけなので本を通じた地域活動にしていこうということで動き出しました。

月一回ほど集まって、まず知ってもらうためにまちライブラリー主催で掃除の仕方講座や地元の昔話の講座、読み聞かせなどの楽しい会を催しました。

ちょうどそのときに、三年に一度、瀬戸内の島々を舞台にして芸術を楽しむ瀬戸内芸術祭が県下で催されていました。丸亀市も本島というところが会場になっていまして、けっこう盛り上がりました。

その頃、今年の東京オリンピック開催に向けて、「パプリカ」という音楽が子どもたちの間で盛り上がっていました。そこで月に一回のまちライブラリーの集まりのときに、スタッフから「瀬戸芸（瀬戸内芸術祭）とコラボしてガーランドをつくって、その前で子どもたちが踊る映像をつくろうや」と提案がありました。ガーランドというのは長い布です。パプリカのプロモーションビデオを真似してつくることにしたのです。こうしてコミュニティセンターの私たちと瀬戸芸に来たお客さんたちで、子どもたちへのメッセージを書いてもらうことにしました。集まった布をまちライブラリーの中で裁断して、チラシもつくって、港の待合所に置く許可を取りました。ワンブースもらって、船を待っている方にも「書いてください」と頼んで書いてもらいました。

動画の編集を含め、まちの人たちが見事につながった企画でした。完成した動画はケーブルテレビでも流れたり、コミュニティセンターのモニターで流したりしています。

二つ目に紹介するのは飯山南コミュニティセンターです。こちらは新型コロナウイルスの影響を受けまして、四月の予定でしたが、六月に開館しました。この地域の運営グループは「まちライブラリー@もりのみやキューズモール」の視察に行ったり、ほかのまちライブラリーも見学に行ったりして、かなりじっくり進めています。オープンして三カ月しか経っていないのですが、近くの児童館、丸亀市の図書館、移動図書館等と連携してイベントを開催しています。水曜日と土曜日にはエプロンを付けた専属スタッフが常駐しているので、安心して利用できるように工夫されています。「ことひらまちじゅう図書館」の嶋田貴子さんとの意見交換や城坤コミュニティのまちライブラリーの方とも交流会を行ったりして、横の連携も図られています。

どちらも運営主体は地域の方です。コミュニティセンターは指定管理になっているので、事務所の方ももちろん協力してくださるのですが、基本的にまちライブラリーグループのメンバーが運営にあたっています。コミュニティセンターの利用も、少しずつさまざまな年齢層が混ざってきて、若い方も関わるようになっているかなと感じています。

未来の地域づくりのためにということで、私は丸亀市役所の生涯学習課というところで地域活動、市民活動を応援したり、人や情報をつなげたりする仕事をしています。まちライブラリーは、運営する人と参加する人、参加する人同士がつながるということですごく面白いと感じています。まちライブラリーはみんなをつなぐ玉手箱だと思っています。

行政か個人か、誰が主体なのかによって地域の活動は始め方が難しいようですが、丸亀市の場合は、「コミュニティのまちライブラリーという、ほどよい集団が主体となってできるのがいい」と、取り組みを最初に提案してくれた方が言っていました。

今、市役所の横に市民交流活動センターというまちづくりの拠点施設を建設しています。今年度開館です。まちライブラリーは、横のつながりもあり、新しい広がりを受け入れるものだと思っていますので、またそういう目線で、次の展開に力を借りられたらなと思っています。「人も地域も元気な未来へ」をテーマに、まちライブラリーをみんなで楽しんでいます。私は私の立場で、この活動や地域の活動を皆さんの力を借りながら、元気な未来へつなげていくことが役割なのかなと思っています。

ガーランドの縫い付け

金倉保育所でのパプリカ

丸亀市市民生活部生涯学習課

住所	〒763-8501　香川県丸亀市大手町二丁目４番21号
連絡先	丸亀市市民生活部生涯学習課
メールアドレス	shogai-k@city.marugame.lg.jp
WEB	https://www.city.marugame.lg.jp/
開館時間	8:30 〜 17:15

#「微力だけど無力じゃない」小さな活動の力を信じて

ことひらまちじゅう図書館（香川県琴平町）

嶋田貴子
ことひらまちじゅう図書館代表

私は、ふだんは公立図書館で司書をしています。私たちの琴平町には公立図書館がありません。そこで行政とは関係なく、有志メンバーで人と本がつながる場所としてまちじゅうに小さな図書館をつくろうと活動しています。

琴平町は全国で面積がいちばん小さい香川県の中で二番目に小さい町です。人口は二〇二〇年八月現在八千四百四十六人、年齢層は八十歳以上が半数を占めます。琴平町には海上の守護神をお祀りしている金刀比羅宮があり、江戸時代から多くの参詣客が訪れています。一八三五年に建築された現存する日本最古の歌舞伎小屋、国の重要文化財・旧金毘羅大芝居、通称金丸座でも知られ、毎年、町の人口の約三百倍以上の人が観光に訪れます。

二〇一二年に始まった子育て支援グループ「415のわ」の活動をきっかけに、子どもだけではなく、誰でも本とつながる居場所をつくろうということで、二〇一七年に「ことひらまちじゅう図書館」がスタートしました。二〇一八年には実行委員会を設け、現在に至っています。

私たちが目指していることは三点あります。

①本と人がつながる居場所をつくろう。

②人との出会いから郷土や文化の継承をしよう。

③町立図書館設立への気運の醸成を図ろう。

各図書館長さんがそれぞれに活動方針を決めている小さな図書館を合わせて「ことひらまちじゅう図書館」としています。当初は三館でしたが、現在は二十館となりました。まちじゅう図書館の基地である「ちょっとこ場」は、町民と旅人が集える場所として、誰でも利用できる休憩所のような施設で、ＪＲ琴平駅、ことでん琴平駅から金刀比羅宮までの途中にあります。郷土資料や金刀比羅宮に関する本、歌舞伎の本なども集めています。

これまでの活動を紹介します。まず、二〇一八年にほかの図書館のことを知り活動に役立ててもらおうと、館長さんたちと各館を巡る図書館ツアーを行いました。そして、まちじゅう図書館の地図を作成しました。また、月に二回、まちの公園で開催される朝市と夏の夜に開催される夜市に一箱古本市として参加しています。どちらも営利を目的とするものではなく、まちの人への周知や心と本と人がつながる場として出店しています。大きなイベントとしては館長さん、実行委員さんの企画で、第一回「初笑い！　語りとおはなし」、第二回「語りでとおい昔の旅へ」を開催しました。

また、ことひらまちじゅう図書館のオリジナル読書手帳を子ども用と大人用の二種類を作成しました。「まちじゅう図書館」の本だけではなく、本屋さん、学校図書館、家などで読んだ本などの読書を記録する手帳です。町内に暮らす中学生以下のすべての子どもたち約七百人に教育委員会を通じて学校に配布しました。広報活動としては年一回の琴平町全戸に広報誌を配布すると共にホームページも開設しました。

二〇二〇年一月からはまちの自慢や知りたいことをテーマに、文化を求めるまちの人たちと本を仲立ちとした気軽な井戸端会議的な勉強会「ちょっとこばうれしくなる勉強会」を月一回ペースで開催しています。「ちょっとこば」とは讃岐の方言で「ほんの少し」という意味です。

私たちの活動成果の事例を三つ報告します。一つ目は私の担当する図書館で出会った事例です。二人のおばちゃんがお話ししています。「金丸座の山の上に大久保《おおくぼ》諶之丞《じんのじょう》の銅像が立っているけど山の名前は何だったかいな。思い出せん」と話していたのですが、そこにあった香川県大百科事典（四国新聞社）で「大久保諶之丞」を調べて、金山寺山とわかりました。二人は「すーっとした。嬉しい、ありがとう」と大喜び。知る楽しさの様子を目の前で見ることができました。

二つ目は手芸が好きな館長さんがいつもいる図書館の事例です。館長さんとのお喋りを楽しみに集まるお年寄りたちは「ここに来ると寂しくない、家から逃げたくなったら来るんや」などと笑顔で話され、まちの人の居場所になっています。

三つ目は外に本棚を設置した図書館の事例です。顔は見えないけど貸し出し簿のコメント欄に利用者と館長さんが交換日記のようなコメントを書き込むことで交流が図られています。「ことひらまちじゅう図書館」の活動は、人と人との信頼と安心がアナログな関係でつながっています。

課題は、各図書館の運営者である館長さんの熱量が微妙に違っていることです。そこをうまく交流させながら考えていきたいところです。また継続にあたっての運営資金をどう得ていくかです。私たちは有志で活動しているため限られた予算で運営しています。まちからの地域活動活性化助成金を二〇二一年まで五万円いただけるのと、赤い羽根共同募金の五万円との合計十万円で活動しています。

図書館がない町であっても、暮らしの身近に本があることの素晴らしさに気づいてほしいなと願っています。町立図書館ができるまで人と本がつながり、出会う場として、「まちじゅう図書館」が増え、心豊かな暮らしにつながっていけたらいいなと思います。

今後もまちの人の共感を得つつ、巻き込みながら、図書館設立の気運を高められたらと考えています。以前、礒井純充さんに教えていただいたのですが、まず自分が楽しむ、また生きがいになるという気持ちで続けています。「微力だけど無力じゃない」という言葉を信じ、この活動を続けていきたいと思います。

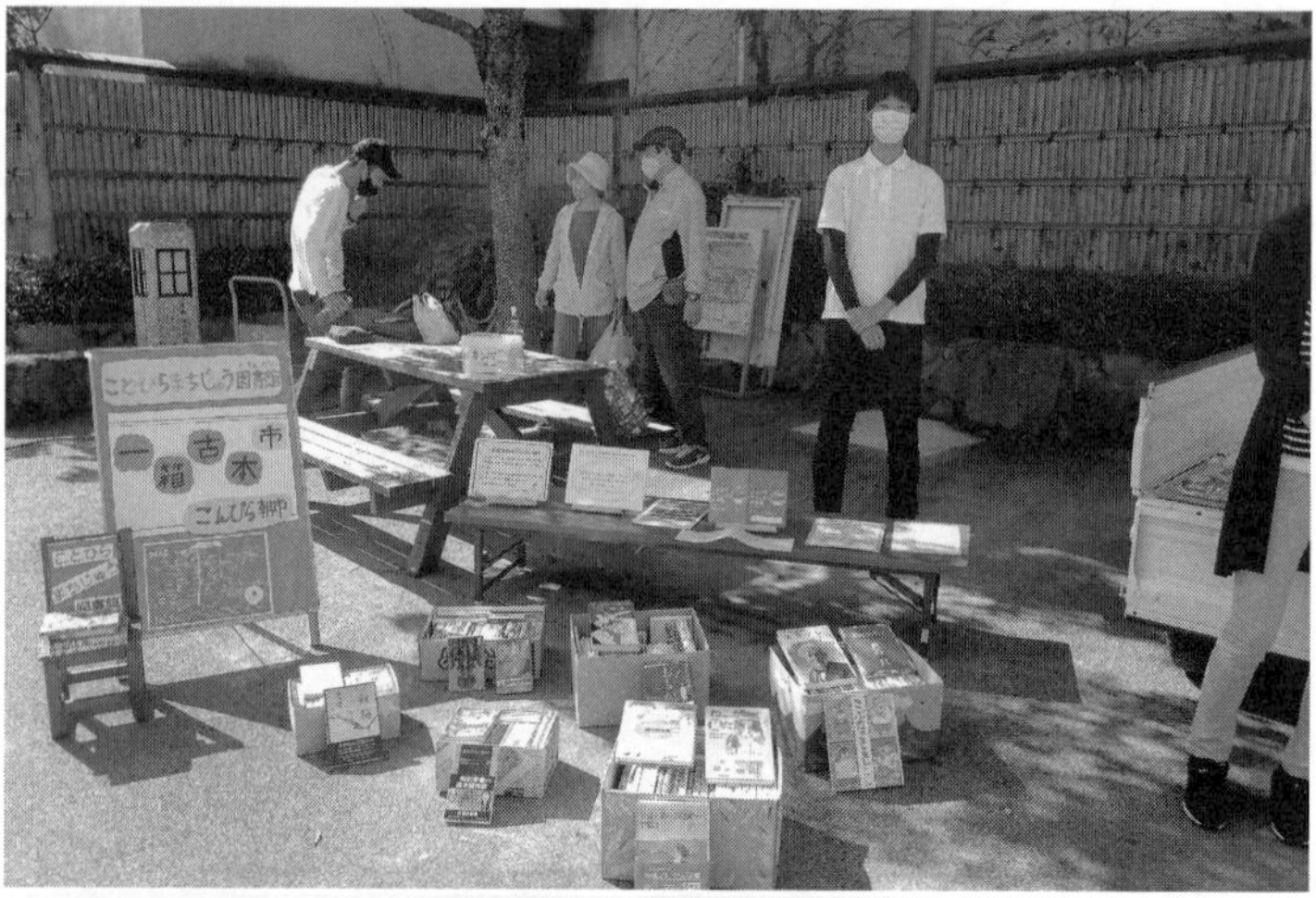

まちの公園でのイベントに一箱古本市として参加

オリジナルの読書手帳

屋外の本棚

ことひらまちじゅう図書館「ちょっとこ場」（基地）

蔵書の種類	郷土、歌舞伎、生き方、小説など
蔵書数	1000冊
貸し出しルール	２週間に読める冊数
施設の形態	民間図書館
住所	香川県仲多度郡琴平町232
開館時間	10:00 ～ 16:00※20館の図書館それぞれルールあり
連絡先	ことひらまちじゅう図書館事務局 〒766-0004香川県仲多度郡琴平町榎井891-１琴平町地域福祉ステーション内 0877-75-1371
メールアドレス	info@kotohira-machitosho.com
WEB	https://kotohira-machitosho.co

ことひらまちじゅう図書館は「ちょっとこ場」のほかに20館あります。
それぞれの図書館の開館時間などは、webサイトに掲載しています。

あとがき

開催から一年を経て、さまざまな方のご協力によりこの本が完成し、世に出すことができました。心より感謝を申し上げると共に、今は安堵の気持ちでいっぱいです。

読者の皆さんは、この本で語られているそれぞれの方の視点から、本の持つ力の新たな地平を感じられたのではないでしょうか。そして少しでも本を活用した活動に興味と関心を持ち、注意を払っていただけましたら幸いです。

制作にあたっては、イベントにご登壇いただき、書籍化を快く承諾してくださった執筆者の皆さま、発表いただいたマイクロ・ライブラリーの皆さま、開催に力を貸してくださった皆さまをはじめ関係者の皆さまに心より感謝申し上げます。また原稿のリライト、編集につきましては、安木由美子さんとユニコ舎の工藤尚廣さん、平川智恵子さんに多大なお力を得ました。ありがとうございました。どんな時代であっても、本が世界にある限り、人は本を通して豊かな世界を発見し続けることができるのではないでしょうか。これからも本と共に、しなやかに活動を広げていくことを誓い、皆さまへの御礼とさせていただきたいと思います。

二〇二一年八月　奥多摩ＩＳまちライブラリーにて

礒井純充　連絡先メール：MSJ00657@nifty.com

執筆者プロフィール（掲載順）

橋爪 紳也（はしづめ しんや）

1960年大阪市生まれ。大阪府立大学研究推進機構特別教授、大阪府立大学観光産業戦略研究所所長。京都大学工学部建築学科卒、同大学院修士課程、大阪大学大学院博士課程修了。建築史・都市文化論専攻。工学博士。『大大阪モダニズム遊覧』（芸術新聞社）、『大阪万博の戦後史』（創元社）ほか著書多数。日本観光研究学会賞、日本建築学会賞、日本都市計画学会石川賞など受賞。

岸 政彦（きし まさひこ）

1967年生まれ。社会学者・作家。立命館大学大学院先端総合学術研究科教授。文学博士。研究テーマは沖縄、生活史、社会調査論。著書に『同化と他者化――戦後沖縄の本土就職者たち』（ナカニシヤ出版）、『街の人生』（勁草書房）、『断片的なものの社会学』（朝日出版社）など。

吉成 信夫（よしなり のぶお）

みんなの森ぎふメディアコスモス　総合プロデューサー。
東京都出身。CIコンサルタント会社役員(東京)を経て家族で岩手県に移住。石と賢治のミュージアム研究専門員を経て、県立児童館いわて子どもの森初代館長となり、行政の枠に収まらない異色の運営で知られた。エコスクール森と風のがっこうを経営。2015年より全国公募により岐阜市立図書館長（メディアコスモス）に就任、滞在型図書館をつくりあげて話題に。2020年より現職。

土肥 潤也（どひ じゅんや）

1995年静岡県焼津市生まれ。コミュニティファシリテーター。早稲田大学社会科学研究科修士課程都市・コミュニティデザイン論修了、修士（社会科学）。2015年にNPO法人わかもののまちを設立。静岡県内を中心に、若者会議やユースセンターを立ち上げて運営。元内閣府「子供・若者育成支援推進のための有識者会議」構成員。内閣府「若者円卓会議」委員、みんなの図書館さんかく館長。

森田 秀之（もりた ひでゆき）

2007年株式会社三菱総合研究所退職、株式会社マナビノタネ設立。
共に生きることを支える場づくりを行う。せんだいメディアテーク、島根県古代出雲歴史博物館、武蔵野プレイス、瀬戸内市民図書館、札幌市図書・情報館等の開館に携わった。都城市立図書館指定管理者代表。

原田 マハ（はらだ まは）

1962年東京都生まれ。商社、森ビル森美術館設立準備室勤務などを経て、2005年『カフーを待ちわびて』で第１回日本ラブストーリー大賞を受賞。2012年『楽園のカンヴァス』で第25回山本周五郎賞、2017年『リーチ先生』で第36回新田次郎文学賞を受賞。

平賀 研也（ひらが けんや）

1959年仙台生まれ、東京育ち。たきびや、前・県立長野図書館長。
法務・経営企画マネージャーとして企業に勤務。2002年長野県伊那市に移住。公共政策シンクタンク研究広報誌編集主幹を経て、2007年4月～2015年3月公募により伊那市立伊那図書館館長。2015年4月～2020年3月県立長野図書館長。

鋤柄 大気（すきがら たいき）

美術家として、個展、グループ展で作品を発表。
2015年に奥多摩町にアトリエを構え、2016年に移住。2017年からおくてん実行委員会のディレクターに就任。2019年から奥多摩町社会教育委員、2021年から奥多摩町立せせらぎの里美術館のディレクターを務める。著書に『クリエイティブを旅する-東京最西端物語-』。

長塚 隆（ながつか たかし）

鶴見大学名誉教授。国際図書館連盟(IFLA)の常設委員会事務局長。現代社会における図書館の課題の調査・研究を行う。『挑戦する公共図書館: デジタル化が加速する世界の図書館とこれからの日本』(図書館サポートフォーラムシリーズ)など著書多数。

礒井 純充（いそい よしみつ）

まちライブラリー提唱者。森記念財団普及啓発部長、大阪府立大学観光産業戦略研究所所長補佐、客員研究員、経済学博士。大阪府出身、森ビルで「アーク都市塾」「六本木アカデミーヒルズ」をはじめ文化活動に従事したのち、個人的活動としてまちライブラリーを開始。

ブックフェスタ　本の磁力で地域を変える

2021年9月18日　第1版1刷発行

著　　者　礒井純充　橋爪紳也　岸 政彦　吉成信夫　土肥潤也　森田秀之　原田マハ　平賀研也　矢部俊男　川渕恵理子　池田史子　後藤寿和　鋤柄大気　どむか　力徳裕子　吉田茂治　清田義昭　長塚 隆　福山京子　生田優希　東 善仁　安西紗耶　丸尾とし子　高垣直人　ヒキダヒロコ　谷 文絵　郷 慎九朗　金澤伸昭　足立泰二　梶 正人　河合貴之　八釣直己　窪田美由紀　嶋田貴子　（掲載順）

発 行 者　礒井純充

発　　行　一般社団法人まちライブラリー
〒540-0037大阪府大阪市中央区内平野町2-1-2
TEL　06-6809-3152
E-MAIL　machilibrary.admin@gmail.com

編　　集　安木由美子

編集協力　株式会社ユニコ舎

カバーイラスト　山本重也

カバーデザイン　松下貴昭

D　T　P　芳本 亨

印 刷 所　大盛印刷株式会社

ISBN 978-4-908696-05-3 C0036
定価はカバーに表示してあります。
乱丁・落丁はお取替えいたします。